Pequeno Mosaico do Direito Autoral

João Carlos de Camargo Eboli

Nº Cat: 47 - I

Irmãos Vitale S/A Indústria e Comércio
www.vitale.com.br
Rua França Pinto, 42   Vila Mariana   São Paulo   SP
CEP: 04016-000 Tel: 11 5081-9499 Fax: 11 5574-7388

© Copyright 2006 by Irmãos Vitale S.A. Ind. e Com. - São Paulo - Brasil
Todos os direitos autorais reservados para todos os países. *All rights reserved.*

CIP-BRASIL CATALOGAÇÃO-NA-FONTE

E18p
Eboli, João Carlos de Camargo
     Pequeno mosaico do direito autoral
     / João Carlos de Camargo Eboli. - São Paulo
     : Irmãos Vitale, 2006
ISBN 85-7407-213-3
     1. Direitos autorais. 2. Propriedade intelectual
I. Título.

06-2607   CDU-347.78
20.07.06   24.07.06   015407

Projeto gráfico e capa
Marcia Fialho
Revisão de texto
Maria Helena Guimarães Pereira
Gerente de projeto
Denise Borges
Produção executiva
Fernando Vitale

DEDICO este livro:

A Vera, minha dedicada esposa e companheira, que me atura pacientemente há 36 anos; aos nossos queridos filhos João Marcelo e Carlos Eduardo, e noras, Andréa e Cristiana; e aos nossos netos João Pedro, Eduardo e Lucas, que hoje representam a principal motivação de nossas existências.

DEDICO-O também:

Aos meus mestres Henry Jessen (*"in memoriam"*), Cláudio de Souza Amaral e João Carlos Müller Chaves. Quase tudo do pouco que aprendi sobre Direitos Intelectuais devo a eles. O muito que não sei, credito exclusivamente às minhas próprias limitações e deficiências.

PRESTO MINHAS HOMENAGENS *"in memoriam"*:

A Joracy Camargo, Oswaldo Santiago, Humberto Teixeira, Emílio Vitale e Daniel Rocha, figuras emblemáticas e decisivas no árduo processo de implantação e afirmação dos direitos autorais em nosso País.

MEUS AGRADECIMENTOS:

A João Carlos Müller Chaves, que generosamente aceitou o convite que lhe fiz para prefaciar esta obra, enriquecendo-a e emoldurando-a com as luzes do seu talento.

À conceituada Editora "Irmãos Vitale", na pessoa de Fernando Vitale, que acreditou no nosso trabalho e gentilmente se ofereceu para editá-lo.

Sumário

Nota do autor   7

Prefácio   13

Capítulo I   15

   Direitos Intelectuais - Breve Histórico - Conceitos Básicos

Capítulo II   43

   O interesse intelectual coletivo e sua harmonização com a propriedade intelectual

Capítulo III   81

   Os Direitos Conexos

Capítulo IV   91

   Domínio Público - Creative Commons

NOTA DO AUTOR

A minha paixão pelo Direito Autoral pode ter uma explicação genética.

Meu avô foi um dos maiores dramaturgos brasileiros, responsável pela introdução do teatro de idéias em nosso país. Refiro-me a Joracy Camargo, autor de dezenas de comédias e dramas que reinaram quase que absolutos em nossos palcos nas décadas de 1930 e 1940, boa parte sob a interpretação do insuperável Procópio Ferreira, a começar por "Deus lhe Pague", a peça mais representada no Brasil e do Brasil.

Meu pai, Oswaldo Eboli, o Vadeco, ritmista e vocalista do imortal "Bando da Lua", divulgou, com incontestável pioneirismo, a mais legítima e autêntica música brasileira por quase todos os países das Américas e do Caribe, inclusive em companhia de Carmen Miranda, a nossa eterna "Pequena Notável". Além de músico, papai destacou-se ainda como jornalista, publicitário e produtor de cinema e televisão.

Vovô exerceu a presidência da SBAT por mais de dez anos, na fase mais gloriosa da tradicional Sociedade Brasileira de Autores Teatrais. Chegou mesmo a ocupar uma das vice-presidências da CISAC – Confederação Internacional das Sociedades de Autores e Compositores.

Papai teve importante participação nas longas negociações que culminaram com a regulamentação, em nosso País, da profissão dos artistas cênicos e dos técnicos em espetáculos de diversões públicas, através da Lei nº 6.533, de 1978.

Trago, pois, nas veias, um pouco de direito de autor e um pouco de direito conexo.

Mas, de fato, tudo começou em meados de abril de 1972, quando, recém formado em Direito, fui apresentado por meu avô a Henry Jessen, então presidente da ODEON, que me deu a oportunidade de fazer uma experiência, como advogado, na tradicional gravadora.

Além de eficiente administrador, Jessen era um profundo conhecedor dos direitos relativos à propriedade imaterial, respeitado tanto no Brasil, como no exterior. O livro que escreveu em 1967, sob o título "Direitos Intelectuais", é tão didático e atraente que, sob o aspecto doutrinário, continua, em boa parte, atual. Por isso ainda o tenho como um dos meus livros de cabeceira.

O meu vínculo com a ODEON, posteriormente EMI, durou mais de um quarto de século. Foram 27 anos e 5 meses de rica experiência profissional, complementada pela minha atuação, que se prolonga até hoje, como advogado da SOCINPRO – Sociedade Brasileira de Administração e Proteção de Direitos Intelectuais, a primeira entidade em todo o mundo a realizar a gestão coletiva conjunta dos direitos análogos dos artistas, intérpretes e executantes, e dos produtores de fonogramas, provando que a coexistência e a convivência pacíficas dessas duas categorias não só é possível como de todo recomendável quando se trata de assegurar a defesa eficiente de interesses que lhes são comuns.

Na SOCINPRO, tive a oportunidade de conhecer e desfrutar da companhia de artistas de primeira grandeza, responsáveis diretos pela afirmação dos direitos vizinhos em nosso País.

Para não cometer injustiças, tomo a cautela de citar apenas aqueles que chegaram ao supremo comando da sociedade, a começar pelos ex-presidentes que infelizmente já faleceram, legando-nos uma imensa saudade: refiro-me a Carlos Galhardo, Rosita Gonzáles e João Dias. Este encarnava, com o seu contagiante entusiasmo e obstinação, o próprio espírito da SOCINPRO. Em algum momento os intérpretes musicais ainda darão o devido valor ao trabalho incansável desses verdadeiros operários dos direitos intelectuais, que tiveram seguidores à altura nas pessoas de Carlos José, um "socinprense" de primeira hora, Luiz Vieira e Sílvio César, atual presidente do Conselho Deliberativo da Entidade.

Henry Jessen sempre me dizia que o direito autoral era um vício, uma verdadeira "*cachaça*", no bom sentido, é claro. Ele estava certo. Pude constatar isso não apenas por experiência própria, como pelo destino de alguns colegas mais jovens que, por meu intermédio, abraçaram o direito autoral e se deixaram enfeitiçar por esse ramo relativamente novo e fascinante do Direito Civil.

Nos meios autoral e fonográfico, dois outros advogados patrícios de renome internacional, "experts" em direitos intelectuais, viriam a ter decisiva influência em minha formação profissional - os queridos colegas e companheiros de lutas, que até hoje me socorrem com suas luzes, Cláudio de Souza Amaral e João Carlos Müller Chaves.

Não poderia omitir o nome do notável criminalista Heleno Fragoso, que acolheu-me como estagiário quando eu ainda cursava o quarto ano de Direito. Dele recebi como precioso legado, além dos exemplos de ética e disciplina profissional, a amizade de seu filho, o também criminalista Fernando Fragoso, que segue, com brilho, os passos do pai e a quem devo a recomendação de meu nome para integrar os quadros do IAB – Instituto dos Advogados Brasileiros.

De há muito os meus amigos me cobram a produção de um livro sobre direito autoral.

Por preguiça, falta de tempo, ou por ambos os motivos, sempre adiava esse projeto, embora ele nunca tenha deixado de fazer parte dos meus planos.

Só não queria escrever um livro por escrever, sem qualquer originalidade quanto ao seu conteúdo, apenas para enriquecer o meu currículo e para merecer citações bissextas de meus colegas mais generosos.

Até que recebi um honroso convite do meu amigo José Carlos Costa Netto, ex-presidente do extinto CNDA - Conselho Nacional de Direito Autoral, para palestrar no I Congresso Internacional de Propriedade Intelectual, realizado em São Paulo, no mês de abril de 2003, sob os auspícios da Academia Paulista de Magistrados, sobre o tema "O Interesse Intelectual Coletivo e sua Harmonização com a Propriedade Intelectual".

O tema era (e continua sendo) atual, instigante e, sob diversos aspectos, bastante polêmico. O público alvo era dos mais qualificados, integrado por magistrados, professores de Direito, membros do Ministério Público, advogados e estudantes universitários. Um desafio que decidi enfrentar.

A receptividade da platéia ao trabalho que apresentei foi tão positiva, até para a minha surpresa, que pensei: creio que descobri o tema central do meu primeiro livro. Tratei de ampliar e atualizar o texto da palestra, já agora não mais "escravo" dos tais trinta minutos de exposição concedidos a cada orador. Mas o tempo foi passando e outros compromissos mais prementes não deixavam a "criança nascer", apesar dos apelos e das naturais cobranças do meu paciente editor e amigo Fernando Vitale.

Quando completei sessenta anos, em 18 de outubro de 2005, decidi concluir a tarefa, inclusive porque me senti, já agora um sexagenário, no "direito-dever" de transmitir ou tentar transmitir um pouco de minha experiência, adquirida ao longo de quase quarenta anos de carreira, aos estudantes de Direito e advogados mais jovens, especialmente por viver em um país que infelizmente ainda não leva a sério o ensino regular dos direitos intelectuais.

Como o próprio Ministro da Cultura, Gilberto Gil, já declarou em algumas oportunidades, menos de cinco por cento dos nossos cursos jurídicos adotam os direitos intelectuais como disciplina regular e obrigatória. Uma lástima, que se reflete no baixíssimo conhecimento da matéria por parte de advogados, magistrados, integrantes do Ministério Público e dos próprios titulares desses direitos.

Não é por acaso que alguns juízes ainda não sabem distinguir com nitidez os conceitos de autoria e titularidade, ou o bem imaterial protegido do suporte material que o contém. Outros recebem e acatam, sem a menor cerimônia, ações de natureza consignatória propostas por pessoas que simplesmente se utilizam da obra alheia sem a prévia e expressa autorização e ainda têm a ousadia de estabelecer unilateralmente o "preço" por esse uso ilegítimo.

Não se pode contrapor o ato consignatório a uma obrigação de "não fazer", eis que o dever do usuário, diante do silêncio ou da negativa do titular do direito autoral, é o de abster-se do uso de sua obra.

A obrigação de pagar só emergirá para o usuário se e quando o autor exercer a sua "facultas agendi", deferindo ao interessado o uso de sua criação intelectual e estabelecendo o valor da retribuição por esse uso.

Apontar para outra direção seria o mesmo que se admitir como tolerável à luz do Direito o esbulho possessório praticado por pessoa que invade a propriedade alheia e tenta legitimar a posse consignando, em favor do proprietário e à revelia deste, "alugueres" unilateralmente fixados.

É óbvio que só poderemos falar em pagamento de alugueres após a outorga legítima da posse através da pactuação consensual da relação locatícia, envolvendo locador e locatário.

O direito autoral é protegido como um direito de propriedade. Por que tratá-lo ou maltratá-lo como uma espécie de "patinho feio", como uma "res" de segunda classe?

Citei como exemplo a freqüente receptividade aos feitos consignatórios em matéria autoral por se tratar de um dos equívocos mais comuns na prática de nossos tribunais. Em lugar de se considerar – como deveria acontecer no caso - o usuário-postulante como carecedor do direito de ação, julga-se o réu-criador intelectual como carecedor do direito de propriedade... Só mesmo a deficiência do ensino dos direitos intelectuais no Brasil para explicar tantas heresias jurídicas...

Voltando aos trilhos, esclareço que achei prudente iniciar este trabalho oferecendo ao leitor um breve relato sobre o histórico e os conceitos básicos dos direitos intelectuais, o que facilitará o entendimento dos demais assuntos enfrentados na seqüência do livro.

Ademais, como a minha militância no campo dos direitos conexos foi sempre muito intensa, especialmente pela natureza do meu trabalho na EMI, antiga ODEON, e na SOCINPRO, considerei válido e oportuno agregar ao trabalho um rápido estudo a respeito do tema, sobre o qual já discorri em várias oportunidades.

O livro ficaria limitado, em princípio, aos três capítulos antes enunciados, não fosse o pedido que recebi de Luiz Carlos Prestes Filho, Coordenador da CODEPIN – Comissão Estadual de Defesa da Propriedade Intelectual do Rio de Janeiro, para proferir, em dezembro de 2005, uma palestra sobre "*Domínio Público e Creative Commons*" no Seminário Interno sobre Direitos Autorais, promovido pelo governo fluminense, através da Secretaria de Desenvolvimento Econômico, da Secretaria da Cultura e da citada Comissão.

Como membro da CODEPIN e amigo do Prestes, não poderia recusar o apelo. Prestes me esclareceu que o tema, sem dúvida interessante, atualíssimo e muito polêmico, fora selecionado pelos próprios funcionários das áreas do desenvolvimento econômico e da cultura do Estado do Rio de Janeiro, o que me levou a concluir que seria aconselhável incluí-lo no livro, a fim de disponibilizá-lo àqueles que não tiveram acesso à minha exposição. Até porque não deixa de ser um prolongamento do tema da palestra que proferira em São Paulo sobre o "Interesse Intelectual Coletivo e sua Harmonização com a Propriedade Intelectual", que constitui o "carro-chefe" desta obra.

Ao final de tudo, percebi que construíra um pequeno "*mosaico do direito autoral*", sem, obviamente, a mínima pretensão de esgotar qualquer dos temas abordados. Assim, não ousei produzir um tratado ou um curso sobre direitos intelectuais. Longe disso. Segui o conselho de Horácio: "*Se queres escrever, escolhe um argumento de acordo com a tua capacidade.*" Tive apenas por objetivo proporcionar aos interessados momentos de reflexão e de meditação sobre alguns relevantes aspectos pontuais da vasta disciplina.

O chavão é antigo, mas quase sempre adequado e, no caso, totalmente verdadeiro e sincero: já me sentirei recompensado ao extremo se este modesto trabalho servir de estímulo ao aprofundamento do estudo sério e desapaixonado dos direitos sobre a propriedade imaterial em nosso País.

Optei por uma linguagem coloquial e simples, cuja informalidade me permite passar, sem a menor cerimônia, da primeira pessoa do singular para a primeira pessoa do plural (não majestático), conferindo à relação autor-leitor um tratamento mais íntimo e atraente.

Em suma, procurei, neste trabalho, conciliar corpo e alma, razão e emoção, teoria e prática. Se o objetivo foi alcançado, melhor dirá o leitor.

Segundo um velho ditado indiano, quando você se decidir a falar ou escrever alguma coisa, cuide para que suas palavras sejam melhores do que o seu silêncio. Pelo menos espero haver alcançado tal objetivo ao redigir esta obra.

FAÇAM UM BOM PROVEITO!

O Autor

Prefácio

Quando se recebe um convite para prefaciar um livro, normalmente se sente um frio na espinha: será que vou gostar do livro? Será que poderei escrever um prefácio adequado que não seja mero resumo do texto ou uma louvação ao autor?

Isso não ocorreu, porém, quando recebi o convite de João Carlos Eboli. Conheci-o há 35 anos, jovem advogado recém-contratado pela Odeon (a atual gravadora EMI) e, ao longo do tempo, com o convívio e os muitos trabalhos em que colaboramos, o conhecimento se transformou em camaradagem e, depois, em forte amizade, a ponto de, hoje, partilharmos o mesmo escritório.

Sob o aspecto pessoal, Eboli é uma pessoa finíssima, educado, atento e solidário. Sob o ponto de vista profissional, é um advogado dedicado, conhecedor profundo do direito autoral (mas não só dele), dono de uma linguagem elegante e precisa, às vezes permeada por fina ironia.

O direito autoral - razão do nosso conhecimento inicial - tem-se constituído no eixo central desse advogado, talvez até por razões genéticas, uma vez que, como ele mesmo gosta de dizer, é neto de autor (o grande teatrólogo Joracy Camargo) e filho de artista (o músico Oswaldo Eboli, o Vadeco do "Bando da Lua", que em tantos momentos acompanhou Carmen Miranda).

No livro que ora lhes é brindado pela "Irmãos Vitale", outra força que marcou e marca história nos campos da edição musical e literária e da produção fonográfica do Brasil, Eboli não pretende escrever em Tratado, ou mesmo um Curso de Direito Autoral. Após fazer um breve, mas cuidadoso histórico da disciplina, enunciando-lhe os principais conceitos, aborda assuntos pontuais, que são de interesse de todos os que se dedicam a esse ramo jurídico, bem como daqueles que vivem em suas águas, como autores, artistas, produtores, editores etc. Tais temas, "O Interesse Intelectual Coletivo e sua Harmonização com a Propriedade Intelectual", "Os Direitos

Conexos", "Domínio Público" e "Creative Commons" são tratados de maneira precisa porque o autor os viveu e vive, de maneira intensa e participante.

Nos últimos tempos, uma razoável quantidade de livros tem sido publicada versando o direito autoral, mas poucos discutem temas do dia-a-dia, exatamente aqueles que despertam mais curiosidade e que dificilmente são encontrados nos livros comuns.

Saúdo, pois, a chegada deste oportuno trabalho que, sem qualquer dúvida, vem enriquecer a literatura nacional sobre o tema.

João Carlos Müller Chaves

Capítulo I

Direitos Intelectuais
Breve Histórico
Conceitos Básicos

Os direitos de propriedade apresentam duas grandes vertentes: uma, representada pelos direitos sobre a propriedade material e a outra, pelos direitos sobre a propriedade imaterial ou intelectual.

Já os direitos intelectuais, expressão-síntese universalmente utilizada a partir do final do Século XX para denominar as faculdades sobre as criações do espírito, compreendem os direitos autorais e os direitos de propriedade industrial. Os direitos de propriedade industrial disciplinam o uso das marcas de produtos e serviços, bem como as patentes de invenção e de modelos de utilidade e, ainda, o desenho industrial. Os direitos autorais abrangem os direitos de autor, em sentido mais estrito, e os denominados direitos conexos. Os direitos de autor versam sobre as obras literárias, artísticas e científicas, assim como sobre os programas de computador. Os direitos conexos, também conhecidos como análogos, vizinhos, ou afins, protegem os artistas, intérpretes e executantes, os produtores de fonogramas e os organismos de radiodifusão.

Tratemos de definir desde logo o objeto maior da tutela jurídica dos direitos de autor, ou seja, a OBRA. A melhor e mais precisa definição de obra nos foi proporcionada por Henry Jessen. Para ele, devemos entender por obra *"a exteriorização da idéia através de uma forma de expressão"*. (*in* "Direitos Intelectuais" - Editora Itaipu - Rio de Janeiro - pág. 54).

O objeto do direito não é, assim, uma simples idéia abstrata, que é de domínio comum, e sim a forma pela qual o autor a revela ao público. Destaque-se ainda que a proteção não abrange o suporte material, mas tão somente o conteúdo imaterial da criação. Ou seja, não se protege o papel em que é impresso o livro ou a tinta de impressão, nem a "bolachinha" do CD. A proteção não tem por objeto o corpo mecânico, mas sim o corpo místico da criação intelectual - nos casos apontados, a obra literária impressa em forma de livro, ou o fonograma reproduzido sob o formato de CD.

A originalidade é condição essencial para o reconhecimento da obra como produto da inteligência criadora. Só a criação permite produzir com originalidade.

Assim, ousaria definir OBRA INTELECTUAL como *a exteriorização de uma idéia através de uma forma original de expressão*.

Contudo, não importam, para fins de proteção, outros fatores como o tempo de duração da obra, ou o seu tamanho, no caso, por exemplo, das obras de artes plásticas. Não se exige também que a obra tenha comprovado valor artístico ou estético. Até porque, como se poderia comprovar a existência de fatores tão subjetivos, tão sujeitos ao gosto pessoal de cada um ? Gosto não se discute e sucesso não tem fórmula. Assim, o mesmo direito de autor que protege obras como "Aquarela do Brasil", de Ary Barroso, e "Minha Namorada", de Carlinhos Lyra e Vinicius de Moraes, contempla também a "Marcha Funk da Eguinha Pocotó", de Luiz Eduardo da Silva Nunes de Andrade (Luiz Henrique)... Nada mais simplório, por exemplo, do que a letra de "Mamãe eu Quero", de Jararaca e Vicente Paiva. Quem poderia apostar, quando foi composta e publicada, que se converteria em uma das composições mais executadas no País em todos os tempos, transformando-se num verdadeiro clássico da música popular brasileira?

A primeira lei sobre direitos intelectuais foi promulgada na Inglaterra, há pouco menos de três séculos. Trata-se do Estatuto da Rainha Ana, de 1710, que abordaremos um pouco mais adiante.

Contudo, a veia criadora do homem revelou-se na aurora dos tempos. As primeiras manifestações artísticas surgiram na pré-história, romperam a história e chegaram aos dias de hoje, como relíquias de um passado distante.

Assim é que, como todos sabemos, a escultura e o desenho eram artes cultivadas na Idade da Pedra.

A referência mais segura é a de que foi no Período Paleolítico Superior, há cerca de 40 mil anos, que apareceram os primeiros artistas da Pré-História. O nome usado para designar os homens desse período é "Cro-Magnon", pois foi na caverna de "Cro-Magnon", situada na França, que se encontraram grandes tesouros de desenhos e pinturas pré-históricas.

Merecem destaque, também, os acervos valiosos achados nas cavernas de Altamira, na Espanha, próximo aos Pirineus, e na Gruta de Lascaux, na França.

Ainda no período Paleolítico Superior surgiram as chamadas Vênus da Pré-História, em esculturas: a de Willendorf, na Áustria, talvez seja a primeira imagem de mulher esculpida na pedra por um artista da Pré-História.

Sem menosprezar a grande importância das artes egípcia e mesopotâmia, pode-se afirmar que o espírito humano atingiu o seu auge na sociedade helênica. Os gregos se notabilizaram na escultura, na arquitetura, no teatro, na poesia e na prosa. Provavelmente também na música e na pintura, porém pouco restou desses dois gêneros para permitir conhecimento suficiente de seu desenvolvimento.

Diferentemente dos gregos, os romanos não eram dotados de muita imaginação artística. Tinham espírito prático e dominador. Suas artes derivam de influências recebidas de povos conquistados. É pacífico o conceito de que Roma conquistou militarmente a Grécia, mas foi espiritualmente por ela dominada. Assim, os romanos passaram a imitar os gregos, não somente na Arte, mas também nos trajes e costumes. Falar grego, vestir-se à grega, possuir obras de arte passou a ser um requintado hábito para o povo romano. Os gregos eram os franceses de então, ditavam a moda, as idéias e os costumes.

Isso não quer dizer que os romanos não tenham dado às artes herdadas a marca de seu caráter e de sua personalidade. Tanto que mudaram os nomes dos deuses e deram-lhes novos comportamentos. Eram adeptos da suntuosidade, refletida na grandiosidade de suas termas, anfiteatros, circos, teatros, templos, pontes, estradas e aquedutos. Pagavam vultosas importâncias pelas obras de arte dos artistas mortos, mas olhavam como subalternos os artistas vivos. O generoso Sêneca chegou a comentar: *"Adoramos as imagens e desprezamos os que as esculpem"*. Consideravam como nobres meios de vida a política, a advocacia e a agricultura.

Mas, foram, sem dúvida, as legiões romanas que transportaram toda essa bagagem cultural e artística aos quatro cantos do mundo de então.

(informações históricas extraídas do livro "História da Arte para Crianças", de Lenita Miranda de Figueiredo - Tia Lenita - 2ª edição - Enio Matheus Guazzelli & Cia Ltda. - São Paulo - 1984 - páginas 13 a 17).

Em nosso Continente, destacam-se as manifestações artísticas pré-colombianas das impressionantes civilizações dos Incas, dos Astecas e dos Maias.

A sociedade, em geral, de maneira mais ou menos intensa, sempre reconheceu e premiou o mérito dos que se dedicavam às artes e às letras. O que variou no tempo foi a forma deste reconhecimento e destas recompensas.

Na Antigüidade, cabia aos poderosos a proteção aos artistas e poetas, que circulavam com prestígio e desembaraço pelas cortes e se instalavam nos palácios.

A figura que mais se destaca é a de Caio de Mecenas, ministro do Imperador Augusto e protetor de Horácio, Propércio e Virgílio, cujo nome serve até hoje para designar os que encorajam, protegem e financiam os artistas de forma desinteressada.

Muitas cidades instituíam prêmios para os poetas. As peças teatrais eram adquiridas dos seus autores para a representação em público. Segundo sua fama e habilidade, os autores, escultores e arquitetos eram generosamente pagos.

Claro que muitos autores e artistas, por certo a maioria, arrastavam-se na indigência, debatendo-se em vão contra a miséria.

Henry Jessen, com lucidez, considerava *"pueril e demagógica" a exploração do tema da miséria dos grandes autores de outrora, "pois na era moderna - e entre os povos que mais tutelam os direitos intelectuais - gênios obscuros e incompreendidos lutam contra as dificuldades materiais, tentando alcançar um êxito que o mundo lhes recusa e buscando trans-*

mitir uma mensagem que seus contemporâneos não entendem, ou que só mui tardiamente fere a sua percepção" (*in* obra citada - págs. 12/13).

Ademais, o fato de o Direito Romano, fonte maior do nosso Direito Positivo, não possuir qualquer disposição legal específica sobre as prerrogativas dos criadores intelectuais, não significa que os direitos de artistas plásticos, dramaturgos e escritores não fossem amparados dentro da lei geral, dispensando uma legislação especial. Como os princípios da propriedade só eram aplicáveis aos bens materiais, no caso da obra artística eles recaíam tão somente sobre o denominado "*corpus mechanicum*", ou seja, sobre a "*res*" corpórea em que se consubstanciava o conteúdo etéreo e incorpóreo da obra. Assim, ao comprar uma estátua, o adquirente tornava-se possuidor do mármore, sendo considerado como acessório o trabalho do artista. Ocorre que essa sutileza não acarretava qualquer prejuízo para o autor, pois ao pagar a estátua ao escultor, o comprador não o fazia pelo preço do mármore bruto, mas segundo o renome do artista, remunerando de alguma forma o produto de seu talento. Se verificarmos a situação da obra teatral, cujo "*corpus mechanicum*" era um pergaminho de valor intrínseco ínfimo, concluiremos que a sua tradição (transferência do domínio de bens móveis) tinha efeito meramente simbólico, já que o autor podia vender a mesma obra mais de uma vez.

Como bem sintetiza Henry Jessen, "*podemos observar que o direito de autor era reconhecido na antigüidade sob o aspecto patrimonial. Quanto ao seu aspecto moral, no entender de Massé, sempre existiu, sendo conhecido em Atenas e em Roma, e sancionado, se não por disposição expressa de lei, pelo menos pela consciência pública*". (*in* obra citada, pág. 15, citando Pièrre Massé - "Le Droit Moral de l'Auteur sur son Oeuvre Littéraire ou Artistique"- Ed. A. Rousseau - 1906 - pág. 35).

Com a queda de Roma, em 476 d. C., a Europa mergulha nas sombras da Idade Média, período dos mais difíceis para as letras e para as artes. Com a ascensão da Igreja, os artistas se voltam, sobretudo, para os temas religiosos, em todos os ramos da criação intelectual.

A cultura se encontrava nas abadias e nos mosteiros, onde monges anônimos se dedicam à leitura dos grandes autores latinos e lhes copiavam as obras. Também escrevem obras originais: hagiografias (vulgarmente conhecidas como vidas de santos), de valor literário por vezes duvidoso, poemas e crônicas, preciosas para a reconstituição histórica da época.

Durante cerca de mil anos o quadro permaneceu praticamente inalterado. As grandes transformações, tanto de natureza jurídica, como de ordem econômica, decorreram fundamentalmente da invenção da Imprensa, por Gutemberg, em Mogúncia, no ano de 1455.

Com o advento deste meio de reprodução mecânica, que possibilita a feitura de milhares de cópias uniformes, inicia-se outra fase do direito, que poderíamos denominar o "ciclo dos monopólios".

Instalando-se os impressores em diversos países, obtêm eles o beneplácito real para reproduzir certas obras com exclusividade, geralmente criações de autores gregos e latinos.

O primeiro privilégio de livraria de que se tem notícia foi o que concedeu o Senado de Veneza a Giovanni Spira, em 1469, para editar cartas de Cícero e Plínio.

Sobre o comportamento dos direitos intelectuais após a invenção da Imprensa, assim se pronuncia Eliane Y. Abrão.

"O verdadeiro alcance desse direito deu-se com o advento das teorias individualistas e liberais que inspiraram a Revolução Francesa, enquanto outra revolução acontecia do outro lado do mundo: a guerra de Secessão nos Estados Unidos da América, com todas as conseqüências que levaram à disseminação dos chamados princípios liberais e democráticos por todo o mundo ocidental.

Na gênese, pois, da criação intelectual como forma de propriedade, dois sistemas se enfrentaram, desde o início, gerando uma oposição entre o sistema anglo-saxão de proteção à obra, e o sistema europeu de proteção à personalidade do autor. Dessa dualidade nasceu a disciplina jurídica, tal qual a concebemos hoje: um complexo de regras de proteção de caráter real, outro de caráter pessoal, correspondendo o primeiro aos chamados direitos patrimoniais e o segundo, aos chamados direitos morais de autor.

A importância da Imprensa só foi superada por outro invento, quinhentos anos depois, a "rede", ou "Internet", desti-

nada à troca global de informações, em nível individual e privado, depois reordenada para a conquista de novos mercados, e ao formato do consumo".
(*in* "Direitos de Autor e Direitos Conexos" - Editora do Brasil - 1ª edição - 2002 - pág. 28)

Na Inglaterra, Felipe e Maria Tudor concederam à associação de donos de papelaria e livreiros um monopólio real para garantir-lhes a comercialização de escritos. A corporação se transformou então numa valiosa aliada do governo em sua campanha para controlar a produção impressa. Tais comerciantes, em troca da proteção governamental ao seu domínio de mercado, manipulavam os escritos, do indivíduo ao conteúdo, exercendo a censura sobre aqueles que lhes fossem desfavoráveis e/ou se opusessem à realeza.

A esse privilégio no controle dos escritos denominou-se "*copyright*", que nasceu, pois, de um direito assegurado a livreiros, e não como um direito do autor dos escritos. O sistema perdurou por cerca de 200 anos, tendo sido a origem das leis ("Statutes") relativas aos direitos intelectuais, inicialmente na Inglaterra e posteriormente no Estados Unidos.

Curiosamente, até hoje, no direito anglo-saxão, se usa a expressão "*copyright*", isto é, direito de reprodução, e não "*direito de autor*".

A censura legal terminou em 1694 e, com ela, o monopólio, deixando os livreiros enfraquecidos, sofrendo inclusive a concorrência de estrangeiros, devido à abertura do mercado.

Os livreiros resolveram mudar de tática e passaram a reivindicar do governo uma proteção não mais para si, mas para os autores, na esperança de negociar com estes a cessão de seus direitos.

Com isso obtiveram, em 10 de setembro de 1710, a publicação do famoso Ato da Rainha Ana, "*uma lei para o encorajamento da ciência por meio da proteção às cópias de livros impressos aos autores ou legítimos comercializadores de tais cópias, durante o tempo lá mencionado.*" O Estatuto representou um significativo avanço. Afinal de contas, não se tratava mais de um acordo corporativo, mas de uma lei (geral e pública), que concedia aos livreiros a patente de impressão e o direito de cópia por um determinado período. Estabelecia ainda as penas de confisco e multa para a contrafação.

Por outro lado, criou o domínio público para a literatura. Cada livro poderia ser explorado por 14 anos, prorrogável por outro período de igual duração, se o autor ainda estivesse vivo e houvesse registrado a obra, pondo termo, assim, à perpetuidade, pois, no velho sistema, toda a literatura pertencia a algum livreiro para sempre e somente a literatura que se enquadrasse nos seus padrões censórios poderia ser impressa.

É verdade, como bem ressalva Eliane Y. Abrão, que *"os grandes beneficiários continuavam sendo os livreiros, em virtude da cessibilidade dos direitos de autoria"*. Mas, como destaca a mesma tratadista, o Ato teve o mérito de transformar o direito de cópia em um conceito de regulação comercial, mais voltado à promoção do conhecimento, com a conseqüente diminuição dos poderes dos livreiros. Ademais, o Estatuto permitiu que os autores depositassem livros em seu nome pessoal, tirando-os, por um lado, do anonimato, e, por outro, criando a memória intelectual do país com a doação de livros às universidades e bibliotecas públicas.
(*in* obra citada - págs. 29 e 30)

O sistema inaugurou-se nos Estados Unidos da América com a Constituição de 1787, que, em seu Artigo 1º, seção 8, previu a promoção do progresso da ciência e das artes por intermédio da concessão, por um tempo limitado, aos autores e inventores, de um direito exclusivo a seus escritos e descobertas. A primeira lei federal americana sobre o assunto data de 31 de maio de 1790.

Se o modelo anglo-saxão apontava para a proteção à obra, do outro lado do Canal da Mancha a Revolução Francesa pôs término ao sistema de privilégios, instituindo, por Decreto de 24 de julho de 1793, uma proteção em favor do autor, fundada no direito de propriedade. Pela primeira vez um decreto do governo francês regulou os direitos de propriedade dos autores de escritos de todos os gêneros, do compositor de música, dos pintores e dos desenhistas. É clara e inequívoca a intenção do legislador francês de 1793 de situar o direito autoral dentro do instituto romano da propriedade.

A partir de então avolumaram-se as legislações nacionais sobre o tema. Embora alguns países adotassem normas protecionistas aplicáveis às obras estrangeiras, a grande maioria das nações só protegia, através de lei interna, o autor nacional e apenas algumas delas o autor estrangeiro domiciliado no país.

Assim, a proteção da obra além-fronteiras dependia muito da celebração de tratados bilaterais ou multilaterais por diferentes países.

Tais acordos também se multiplicaram, a começar pelo tratado de comércio franco-sardo, de 1843.

A multiplicidade desses acordos bilaterais gerou o desejo e a necessidade de se buscar uma uniformização, condensando em um único instrumento a regulamentação internacional do instituto, com a celebração de tratado multilateral de tendência universalista.

A primeira tentativa nesse sentido, liderada por países europeus, redundou na famosa Convenção de Berna, que instituiu em 1886 a "União Internacional para a Proteção das Obras Literárias e Artísticas", mais conhecida como "União de Berna" e que continua sendo, mais de um século depois, a principal referência sobre a matéria, em nível mundial.

A Convenção de Berna nasceu de uma recomendação feita ao Congresso Literário e Artístico Internacional, reunido na Exposição Universal de Paris, em 1878, quando se preconizou a adoção de leis uniformes para a proteção dos direitos de autor, diante da existência, à época, de uma multiplicidade de acordos internacionais bilaterais, alguns dos quais contendo a cláusula de nação mais favorecida, o que obrigava o jurista a uma pesquisa exaustiva para definir os contornos da proteção apropriada.

Oito anos depois, sob os auspícios do governo suíço, realizou-se, na Cidade de Berna, no período de 06 a 09 de setembro de 1886, uma importante reunião, na qual foram discutidos e aprovados os princípios básicos que redundaram na elaboração e assinatura de um instrumento com 21 artigos (e um adicional), conhecido como a Convenção de Berna, estabelecendo regras gerais sobre a proteção aos direitos de autor e sua observância e aplicação pelos países participantes.

A Convenção de Berna contempla os 3 (três) seguintes pontos fundamentais, relativos à proteção mínima a ser assegurada à obra intelectual:

a) as obras originais de um Estado membro devem ter proteção idêntica em cada um dos outros países membros e no mesmo nível em que ela é concedida para seus nacionais, mesmo que seja mais benéfica que a do outro país. É o princípio do tratamento nacional ou da assimilação;

b) a proteção deve ser assegurada, independentemente do preenchimento de qualquer formalidade, tais como registro, exigências fiscais, depósito etc. É o princípio da proteção automática; e

c) a proteção a ser concedida em uma país independe da existência de proteção no país de origem da obra. É o princípio da independência da proteção.

Outrossim, preceitua que o prazo mínimo de proteção é de 50 anos, contados da morte do autor; estabelece o direito exclusivo que têm os autores de autorizar ou proibir a reprodução de suas obras, por qualquer forma ou processo; e o direito exclusivo de autorizar a representação e a execução pública das obras, assim como a transmissão pública da representação e da execução.

Como os Estados Unidos não tinham condições de aderir à Convenção de Berna, por força de sua legislação interna, e já eram, à época, um dos maiores geradores de criações intelectuais, foi firmada, em 1952, a Convenção Universal sobre Direito de Autor, também conhecida como Convenção de Genebra. Esclarece Eliane Y. Abrão que a Convenção de Genebra tem por escopo *"adequar os sistemas voltados prioritariamente às obras com aqueles que conferiam aos autores direitos de caráter pessoal, com a mesma importância dada às obras"*. Há quase duas décadas, os Estados Unidos finalmente aderiram à Convenção de Berna e a Convenção Universal perdeu quase toda a sua importância.
(*in* obra citada - pág. 31).

Ademais, como os níveis mínimos de proteção da Convenção de Berna são superiores aos da Convenção de Genebra, os titulares de direitos autorais preferem obter a proteção através dos dispositivos de Berna. E, de maneira geral, quase todas as nações ratificaram Berna, tanto que esta conta atualmente com mais de 160 ratificantes, contra apenas 61 da Convenção Universal.

Ambas as Convenções foram revisadas pela última vez em Paris, em 1971, tendo sido o texto resultante da revisão da Convenção de Berna aprovado em nosso País pelo Decreto Legislativo nº 94, de 04 de dezembro de 1974, e promulgado pelo Decreto nº 75.699, de 06 de maio de 1975. E o texto resultante da revisão da Convenção de Genebra foi aprovado no Brasil pelo Decreto Legislativo nº 55, de 28 de julho de 1975, e promulgado pelo Decreto nº 76.905, de 24 de dezembro de 1975.

Mas os Direitos Intelectuais não protegem apenas a OBRA, como criação primígena.

Tutelam também, com um direito conexo ao direito do autor, outros bens imateriais assemelhados às obras para fins de proteção. Os Direitos Conexos, também conhecidos como Vizinhos ou Análogos, serão apreciados com mais profundidade em capítulo específico deste trabalho.

Mas convém adiantar que, de acordo com as disposições pertinentes da Lei nº 9.610, de 1998, que disciplina os direitos autorais em nosso País, três são os titulares de direitos conexos: o artista, sobre sua interpretação ou execução; o produtor de fonogramas, sobre sua fixação sonora; e o organismo de radiodifusão, sobre suas emissões.

No campo internacional, os Direitos Conexos estão contemplados na "Convenção Internacional sobre a Proteção dos Artistas Intérpretes ou Executantes, dos Produtores de Fonogramas e dos Organismos de Radiodifusão", conhecida como Convenção de Roma, que resultou de uma conferência diplomática realizada em 1961.

Paralelamente às Convenções administradas pela OMPI - Organização Mundial da Propriedade Intelectual, o GATT - *General Agreement of Tariffs and Trade* - iniciou, em 1979, discussões envolvendo a propriedade intelectual e o comércio internacional. A esses dois ingredientes juntou-se a necessidade de se igualar métodos de ação, de punição e de proteção entre países com sistemas jurídicos diferentes, o que era evitado por Berna e Genebra, cuja maior preocupação sempre foi o respeito às legislações internas e à soberania de seus Estados membros.

Esse obstáculo político, imposto por Berna e Genebra, motivou a discussão da matéria em outro foro, não vinculado à ONU. Por isso, com a criação da OMC - Organização Mundial do Comércio, em 1994, esta passou a atuar diretamente na regulação do comércio internacional dos bens imateriais por meio do Acordo Relativo aos Aspectos da Propriedade Intelectual Relacionados ao Comércio, conhecido pela sigla TRIPS, derivada da expressão inglesa, ou pela sigla ADPIC, do espanhol.

Os debates em torno das Convenções de Berna e de Genebra, circunscritos à soberania e ao território dos Estados membros, começaram a se revelar prejudiciais aos interesses dos países economicamente mais poderosos, liderados pelos Estados Unidos. Diante dessa nova realidade do comércio mundial, especialmente de marcas, e da crescente indústria de difusão cultural, cuja mercadoria traz gravada a identidade de seu titular, onde quer que seja disponibilizada, atravessando fronteiras e dispensando discussões em torno de soberanias territoriais, uma nova ordem internacional começava a ser desenhada.

Em suma, os direitos intelectuais se transformaram em mercadoria, aumentando a cada dia a sua importância econômica e comercial no mundo moderno.

Os principais princípios contidos no TRIPS são os seguintes:

a) o princípio do tratamento nacional, segundo o qual cada Estado membro concederá aos nacionais dos demais Estados membros tratamento não menos favorável do que o concedido a seus próprios nacionais;

b) o princípio do tratamento de nação mais favorecida, segundo o qual toda vantagem, privilégio ou imunidade que um Estado membro conceder a outros Estados signatários deverão ser extensivos, imediata e incondicionalmente, aos nacionais dos demais Estados membros;

c) o princípio da prevenção de abusos, segundo o qual recomenda-se aos Estados membros a aplicação de medidas apropriadas para prevenir o abuso no campo dos direitos de propriedade intelectual por seus próprios titulares, ou coibir as práticas que limitem de maneira injustificada o comércio, ou prejudique a transferência internacional de tecnologia;

d) o princípio da exaustão de direitos, de suma relevância, segundo o qual, em nome da liberdade do comércio, os titulares de direitos intelectuais esgotam o exercício desses direitos na primeira transferência de propriedade de um exemplar da obra;

e) o princípio da obrigatoriedade ou da adesão sem reservas, segundo o qual nenhum Estado membro poderá integrar a OMC com condicionantes ou reservas, tudo em nome da unidade do sistema; e

f) o princípio da cooperação técnica e financeira aplicável aos países em desenvolvimento, segundo o qual os países desenvolvidos comprometem-se a prestar assessoria na elaboração de leis e na prevenção de abusos em matéria de propriedade intelectual.

A OMPI, por seu turno, atendendo às exigências dos novos meios de difusão de obras intelectuais, como, sobretudo, a Internet, houve por bem patrocinar dois novos tratados multilaterais sobre a matéria, ambos em 1996 - o WIPO *Copyright Treaty*, ou WCT, que versa sobre direitos de autor, e o WIPO Performances and Phonograms Treaty, ou WPPT, que versa sobre os direitos conexos dos artistas e dos produtores de fonogramas. Esclareça-se que WIPO é a sigla inglesa de "*World Intellectual Property Oganization*", correspondente à sigla francesa OMPI, de "*Organisation Mondiale de la Propriété Intellectuelle*".

A própria OMPI os intitula "*Tratados da OMPI sobre a Internet*", como resposta ao desafio das novas tecnologias digitais.

O WCT (WIPO Copyright Treaty) repete o conceito geral do TRIPS sobre direitos de autor, reafirma os princípios de Berna, abre espaço aos programas de computador e à compilação de dados, inclui entre os direitos exclusivos de autor os de distribuição de sua obra e, sobre a exaustão dos direitos patrimoniais de autor, declara que nada afetará a faculdade de as partes contratantes determinarem as condições em que se aplicará o esgotamento do direito exclusivo do autor de autorizar a disponibilização ao público do original ou de exemplares de sua obra.

Ademais, o WCT amplia os direitos de comunicação ao público, previstos em Berna.

Ressalte-se, por fim, que a adesão ao Tratado não admite reservas.

O WPPT (WIPO Performances and Phonograms Treaty) igualmente preserva as demais Convenções existentes sobre a matéria (Berna e Roma) e inclui normas sobre a radiodifusão de fonogramas e sua comunicação pública.

Após reiterar o princípio do tratamento nacional, no Art. 5º reconhece direitos morais aos artistas intérpretes e executantes, uma conquista pioneira entre tratados dessa natureza.

Estende também aos artistas os direitos de autorizarem com exclusividade a reprodução e a distribuição de suas obras (Arts. 7º e 8º) e a autorizar e participar de uma remuneração eqüitativa no caso de aluguel de exemplares que contenham suas interpretações e execuções.

Estabelece os mesmos direitos do TRIPS em favor dos produtores de fonogramas (reprodução, distribuição e aluguel) e introduz o chamado direito exclusivo de disponibilização ao público de seus fonogramas (que não se confunde com a comunicação publicados mesmos), seja por fio, seja sem fio, de tal modo que as pessoas possam ter a eles acesso no local e no momento em que o desejarem (Art. 14).

Ademais, rege disposições comuns a artistas e produtores de fonogramas (Art. 15) sobre seus respectivos direitos a uma retribuição eqüitativa e única em virtude da radiodifusão ou comunicação ao público dos fonogramas publicados com fins comerciais. No mais, repete o WCT.

Embora o Brasil ainda não tenha aderido formalmente ao WCT e ao WPPT, várias de suas disposições foram recepcionadas pela Lei nº 9.610, de 1998, como, por exemplo, em seus Artigos 80, 86, 87, 90, 93 e 94.

(os detalhes sobre os Tratados da OMPI foram basicamente extraídos da obra citada de Eliane Y. Abrão - págs. 52/54)

Sobre a tutela aos Direitos Intelectuais em nosso País, destacaremos apenas aqueles momentos que nos parecem ser os mais significativos. Ainda no Império, a lei de 11 de agosto de 1827, que criou os Cursos de Direito em Olinda e em São Paulo, atribuiu aos lentes um privilégio, com duração de

10 anos, sobre os cursos que publicassem. Já o Código Criminal de 16 de dezembro de 1830 proibia, no seu artigo 261, a reprodução não autorizada de obras compostas ou traduzidas por cidadãos brasileiros, não só durante suas vidas, como por um prazo de 10 anos após a morte, se deixassem herdeiros.

Com a proclamação da República, a primeira referência legislativa sobre a matéria surgiu com o Código Criminal de 1890. Logo a seguir, em 1891, a matéria ganha nível constitucional. A primeira Constituição republicana, no Artigo 72 - parágrafo 26, consagrava aos autores o direito exclusivo de reprodução dos autores e a proteção dos herdeiros. Com pequenas alterações, é este o texto que tem comandado toda a evolução do Direito de Autor no Brasil e consta ainda da Constituição vigente, de 1988. Só a Constituição de 1937, com a chancela do Estado Novo, a omitiu. Retornando aos primórdios da Velha República, em 1º de agosto de 1898 surge a Lei nº 496, que *"define e garante os direitos autorais"*. A proteção é concedida aos brasileiros e aos estrangeiros residentes no Brasil.

O grande marco, contudo, é representado pelo Código Civil de 1916, que regulava sistematicamente este domínio, sob o título "Da Propriedade Literária, Artística e Científica", nos artigos 649 a 673. Fazemos nossas as palavras de José de Oliveira Ascensão sobre as virtudes do tratamento dispensado à propriedade intelectual no nosso antigo Código Civil:

"A matéria é tratada com a firmeza científica própria do diploma em que se integrou".
(*"in"* "Direito Autoral" - 2ª edição - Editora Renovar - Rio - 1997 - pág.12)

O direito era protegido durante a vida do autor e, ainda, por um prazo de 60 anos, em benefício dos herdeiros.

O Decreto nº 4.750, de 02 de janeiro de 1928, *"regula os direitos autorais"*, mas na realidade suas disposições se restringem ao domínio das sanções.

Já os Direitos Conexos foram inicialmente disciplinados no Brasil pela Lei nº 4.944, de 06 de abril de 1966, regulamentada pelo Decreto nº 61.123, de 1º de agosto de 1967.

A primeira Lei a contemplar os direitos autorais de forma

abrangente e sistematizada em nosso País foi a de nº 5.988, de 14 de dezembro de 1973.

Atualizada para o seu tempo, o referido Diploma serviu, inclusive, de fonte para a legislação autoral de alguns outros países latino-americanos, como, por exemplo, a Colômbia, a Venezuela, o Paraguai e El Salvador.

O legislador de 1973 criou o CNDA - Conselho Nacional de Direito Autoral, órgão que viria a ser desativado com a promulgação da Constituição Federal de 1988, e determinou a fundação do ECAD - Escritório Central de Arrecadação e Distribuição, consagrando os salutares princípios da gestão coletiva e da cobrança centralizada e unificada dos direitos de execução pública de obras musicais, lítero-musicais e de fonogramas.

A Lei de regência em vigor, a de nº 9.610, de 19 de fevereiro de 1998, revogou a Lei Federal de 1973, atualizando-lhe os preceitos, de modo, inclusive, a assegurar a proteção autoral aos chamados "bens informáticos". Mas os princípios básicos da Lei anterior foram prudentemente preservados.

A legislação brasileira sobre direitos autorais, que tem o seu vértice no Inciso XXVII do Artigo 5º da Constituição Federal e a base nas disposições da citada Lei nº 9.610, de 1998, começa por consagrar o fundamento pétreo de que tem o autor o direito exclusivo de autorizar ou proibir a utilização de sua obra. A Lei brasileira é, sem favor, uma das mais avançadas do mundo, nivelando-se com os melhores diplomas internacionais sobre a matéria, como são os casos, por exemplo, das novas leis francesa e espanhola.

A Lei nº 9.610/98 abarca, na expressão genérica "direitos autorais", os direitos de autor e aqueles que lhes são conexos. Por outro lado, fiel à teoria dualista, que predomina na melhor doutrina internacional, contempla dois direitos diversos, interdependentes, porém distintos um do outro: o direito moral, irrenunciável e inalienável, verdadeira extensão dos direitos da personalidade, e o direito patrimonial, por natureza transferível a terceiros. As faculdades inerentes ao direito moral residem fundamentalmente nos direitos à paternidade da obra, à integridade da obra e ao inédito, que reserva ao autor a prerrogativa de não publicar a sua criação intelectual.

O autor será sempre uma pessoa física e só ele ou seus herdeiros poderão exercer o direito moral. Já o direito patrimonial poderá também ser exercido por pessoas distintas, físicas ou jurídicas, na qualidade de sucessoras do autor, quer como herdeiras, legatárias, cessionárias ou licenciadas.

Diversos gêneros de obras literárias, artísticas e científicas são citadas, de forma exemplificativa, na nossa Lei de regência: de conferências, obras coreográficas e pantomímicas, composições musicais, obras dramáticas e dramático-musicais, obras audiovisuais e fotográficas, até as obras de artes plásticas (desenhos, gravuras, esculturas), passando pelas ilustrações e projetos de engenharia, arquitetura e concernentes à geografia (cartas geográficas).

A proteção autoral aos programas de computador é disciplinada pela Lei nº 9.609, de 19 de fevereiro de 1998.

Como bem destacou Ana Maria Fonseca, ao proferir palestra sobre o tema "*Software - Internet*", no I Ciclo de Debates de Direito do Autor, promovido pela Comissão Permanente de Direito de Propriedade Intelectual do Instituto dos Advogados Brasileiros (Rio de Janeiro - setembro de 2003), nossa Lei Autoral manteve-se fiel à tradição do "*Droit d`Auteur*", à escola francesa, sem, contudo, deixar de contemplar, com bastante propriedade, alguns dos modernos preceitos surgidos na era "pós-OMC", oriundos da filosofia do "*copyright*", do sistema anglo-saxão, harmonizando, assim, com sabedoria, interesses que se chocam desde o final do Século XVIII.

Convém lembrar que, como assinalamos, se o sistema anglo-saxão apontava para a proteção à obra, a Revolução Francesa extinguiu o sistema de privilégios, instituindo uma proteção em favor do autor, fundada no direito de propriedade.

De acordo com a Lei brasileira, os direitos autorais reputam-se bem móveis. Essa ficção, dentre outras virtudes, permite que se utilizem na proteção dos direitos autorais importantes institutos próprios do direito possessório, como a busca e apreensão e o interdito proibitório, apesar de o Superior Tribunal de Justiça, no que concerne ao interdito, haver apontado recentemente em sentido contrário, através da Súmula nº 228.

Definitivamente, não considero a questão pacífica. Com todo o respeito àquela colenda Corte, creio que o interdito proibitório, que por longos anos foi aplicado com sucesso e de forma abrangente no campo dos direitos autorais, é perfeitamente cabível, não se restringindo às hipóteses específicas dos Artigos 102 e 105 da Lei de regência. Aliás, a redação desses dois dispositivos serve muito mais, a meu ver, para consagrar o cabimento do interdito, de forma ampla, do que para apontar a limitação do seu uso a casos específicos.

Como alguns juízes vêm ultimamente negando até a busca e apreensão, quando a contenda envolve usuário de maior poder econômico, sob o duvidoso e precário argumento de que falta o chamado *"periculum in mora"*, na medida em que o dano poderá ser a qualquer tempo ressarcido, não sei o que será da proteção judicial dos direitos autorais em um futuro de médio prazo.

A Lei brasileira define com precisão as duas modalidades básicas de utilização das obras intelectuais: o *direito de reprodução*, que compreende o *direito de distribuição, e o direito de comunicação ao público.*

Ao definir a distribuição e a comunicação ao público, a nossa Lei consagra o princípio da disponibilidade, ou seja, a máxima de que a simples disponibilização da obra ao público já tipifica uma nova modalidade de utilização, que obviamente dependerá da prévia e expressa autorização do autor.

Quando expõe o conceito de reprodução, a Lei de regência abarca expressamente a cópia por meios eletrônicos, referindo-se a qualquer forma de armazenamento permanente ou temporário. Para se ter uma idéia da importância econômica desse conceito, citamos o fato de que, só no primeiro trimestre de 2005, um conhecido "hit", bastante popular, foi alvo de mais de dois milhões e setecentos mil *"downloads"*, correspondentes ao número de chamadas (*"ringtones"*) em que foi executado em telefones celulares em todo o país. Como o direito cobrado por cada chamada era, à época, de vinte e quatro centavos de real, a respectiva retribuição autoral equivaleu a mais de 500 mil reais. Estamos falando de uma única obra, em um único trimestre!

No campo da comunicação ao público, merece destaque a execução pública de obras musicais, lítero-musicais e de fonogramas, cujos proventos são, no Brasil, arrecadados e distribuídos pelo ECAD, que congrega todas as associações, existentes no País, de titulares dessa modalidade de direitos autorais.

De fato, a Lei de regência prevê, em seu Artigo 99, uma única agência de cobrança, fórmula que vem se revelando a mais eficiente na maioria dos países civilizados.

O prazo de proteção ("*post mortem auctoris*") estabelecido em nossa Lei é de 70 anos, contados do dia 1º de janeiro do ano subseqüente ao do falecimento do autor. A partir daí a obra cairá em domínio público. Será de 70 anos o prazo de proteção dos direitos patrimoniais sobre as obras anônimas e pseudônimas, contado do dia 1º de janeiro do ano imediatamente posterior ao da primeira publicação. De 70 anos será também o prazo de proteção das obras audiovisuais e fotográficas, a contar de 1º de janeiro do ano subseqüente ao de sua divulgação. Igualmente de 70 anos será o prazo de proteção aos direitos conexos, contados a partir de 1º de janeiro do ano subseqüente à fixação, para os fonogramas; à transmissão, para as emissões das empresas de radiodifusão; e à execução e representação públicas, para os demais casos. Findo o prazo de proteção, as obras e produções protegidas caem em domínio público, tema que constitui objeto de capítulo autônomo deste trabalho.

As obras folclóricas são consideradas de domínio público.

Felizmente, a legislação nacional não acolhe os institutos da licença legal, compulsória, e do domínio público remunerado (pagante), que podem se prestar ao cerceamento da difusão cultural e ao indesejável controle da criação intelectual pelo Estado.

Nossa Lei civil não faz referência expressa aos conceitos de lucro direto e indireto, de grande valor para os direitos autorais, especialmente no que concerne à representação e à execução pública.

Muita gente desavisada acredita, inclusive e lamentavelmente alguns magistrados, que só na hipótese de lucro direto, como em eventos com entrada paga ou subvencionados, os direitos autorais de representação e de execução pública serão devidos, quando é pacífico que, para tanto, bastará a prova da existência do denominado lucro indireto. Vou mesmo além. Considero essa discussão, hoje, acadêmica e ociosa, pois defendo a tese de que a simples caracterização da execução como pública bastará para que se torne exigível a prévia e expressa licença do autor e o pagamento da respectiva retribuição, na medida em que as limitações aos direitos de autor estão arroladas na Lei de forma taxativa e as únicas exceções seriam, no caso, a representação teatral e a execução musical quando realizadas no recesso familiar, ou para fins exclusivamente didáticos, nos estabelecimentos de ensino, não havendo em qualquer caso intuito de lucro. Ou, ainda e finalmente, a utilização de obras literárias, artísticas ou científicas, de fonogramas e de transmissões de rádio e televisão em estabelecimentos comerciais, para simples demonstração à clientela, desde que esses estabelecimentos comercializem os suportes ou equipamentos que permitam a sua utilização.

Os estrangeiros domiciliados no exterior gozarão da proteção assegurada nos acordos, convenções e tratados em vigor no Brasil. Aplica-se o disposto na Lei aos nacionais ou pessoas domiciliadas em país que assegure aos brasileiros ou estrangeiros domiciliados no Brasil a reciprocidade na proteção aos direitos autorais ou equivalentes.

Os negócios jurídicos sobre direitos autorais interpretam-se restritivamente e se presumem onerosos, razão por que a gratuidade, se existir, deverá ser expressamente declarada no respectivo instrumento contratual.

As diversas modalidades de utilização de obras literárias, artísticas ou científicas, bem como de fonogramas, são independentes entre si, e a autorização concedida respectivamente pelo autor, ou pelo produtor, para determinada modalidade de uso, não se estende a qualquer das demais.

Vou dar dois bons exemplo, bastante freqüentes: quando um cineasta pretender sincronizar um fonograma, contendo determinada obra musical, no filme que está realizando, deverá obter a necessária licença prévia tanto do produtor do fonograma, como do autor ou do editor da respectiva obra musical. Ou seja: a licença do produtor do fonograma não supre a licença do autor da obra musical e com ela não se confunde. Da mesma forma, a autorização do autor para a simples inclusão de sua obra musical em determinado filme, não implicará numa licença automática para a execução pública dessa obra através da exibição da película cinematográfica. Nova autorização deverá ser pedida, no caso ao ECAD, com o pagamento de uma retribuição distinta e específica.

Destaco, por fim, que o registro de obras intelectuais em nosso País é facultativo, na medida em que a proteção legal dar-se-á independentemente da referida formalidade. Valerá, pois, o registro, apenas como meio "*iuris tantum*" de prova. Contudo, o registro será sempre recomendável, sobretudo em atenção ao princípio da anterioridade, especialmente diante da hipótese, não tão incomum, de dúvida insanável quanto à autoria de determinada obra.

O mesmo não se dá em relação à propriedade industrial, regulada em nosso País pela Lei nº 9.279, de 14 de maio de 1996. Destarte, a concessão das patentes de invenção e de modelos de utilidade, assim como o registro de marcas de produtos e serviços e de desenhos industriais são atos constitutivos de propriedade, obrigatórios e indispensáveis, portanto, para a efetiva proteção da propriedade industrial.

Reproduzimos, a seguir, uma relação dos principais Tratados e Convenções Internacionais já ratificados pelo Brasil, bem como um enunciado contendo o tratamento dispensado aos Direitos Autorais pelas diversas Constituições brasileiras. Ambos os trabalhos, de grande utilidade prática, foram elaborados por Cláudio de Souza Amaral e constam, como apêndice, da palestra proferida pelo referido especialista sobre o tema "Convenções Internacionais" no I Ciclo de Debates de Direito de Autor, realizado no plenário do IAB - Instituto dos Advogados Brasileiros, em setembro de 2003, por iniciativa da Comissão Permanente de Direito de Propriedade Intelectual da referida Instituição.

TRATADOS E CONVENÇÕES RATIFICADOS PELO BRASIL

CONVENÇÃO INTERAMERICANA SOBRE OS DIREITOS DE AUTOR EM OBRAS LITERÁRIAS, CIENTÍFICAS E ARTÍSTICAS Promulgada pelo Decreto nº 26.675, de 18.05.1949 Administração: OEA - 21 ESTADOS
Dec. leg. 12, de 22.7.1948 (Lex 1948/235), Dec. 2.673. de 18.05.1949 (DOU 20.5.49) e Dec. 26.675, de 18.05.1949. O primeiro ratifica, o segundo torna público que entrou em vigor, e o terceiro promulga a Convenção Interamericana sobre os Direitos de Autor em obras literárias, científicas e artísticas, Firmada em Washington, a 22 de junho de 1946.

CONVENÇÃO DE ROMA Promulgada pelo Decreto nº 57.125, de 19.10.1965 Adm.: OMPI, UNIESCO E OTI - 76 ESTADOS
Dec. leg. 26, De 05.08.64 (DOU 07.08.64), e Dec. 57.125, de 19.10.1965 (lex 1965/1.531 e 1.883). O primeiro aprova o texto da Convenção Internacional para Proteção aos Artistas Intérpretes ou Executantes, aos Produtores de Fonogramas e aos Organismos de Radiodifusão, realizada em Roma, em 26 de outubro de 1961. O segundo promulga essa Convenção.

CONVENÇÃO OMPI Promulgada pelo Decreto nº 75.541, de 31.03.1975 Adm. OMPI - 179 ESTADOS
Dec. leg. 78, de 31.10.74 - Aprova os textos da Convenção que institui a Organização Mundial da Propriedade Intelectual, assinada em Estocolmo, a 14.07.67, e da Convenção de Paris para a proteção da propriedade industrial, revista em Estocolmo a 14.07.67 (Lex 1974/1.003). O Dec. 75.541, de 31.03.1975 (Lex 1975/135), promulgou a Convenção que instituiu a Organização Mundial da Propriedade Intelectual.

CONVENÇÃO DE BERNA PARA A PROTEÇÃO DAS OBRAS LITERÁRIAS E ARTÍSTICAS (REVISÃO DE PARIS) Promulgada pelo Decreto nº 75699, de 06.05.1975 Adm. OMPI - 151 ESTADOS
Dec. leg. 94, de 04.12.74 (Lex 1974/1.209), e Dec. 75.699, de 06.05.1975 (Lex 1975/250). O primeiro aprova o texto da Convenção de Berna para a proteção das obras literárias e artísticas, tal como revista em Paris a 24 de julho de 1971. O segundo promulga essa Convenção.

CONVENÇÃO UNIVERSAL SOBRE O DIREITO DE AUTOR (REVISÃO DE PARIS) Promulgada pelo Decreto nº 76.905, de 24.12.1975 Adm.: UNESCO/OMPI - 61 ESTADOS
Dec. leg. 55 de 28.6.75 (Lex 1975/372), e Dec. 76.905, de 24.12.1975 (Lex 1975/829). O primeiro aprova o texto da Convenção Universal sobre o direito do autor, revista em Paris, em julho de 1971; o segundo Dec. promulga essa Convenção.

CONVENÇÃO DE GENEBRA PARA PROTEÇÃO DOS PRODUTORES DE FONOGRAMAS CONTRA A REPRODUÇÃO NÃO AUTORIZADA DE SEUS FONOGRAMAS Promulgada pelo Decreto nº 76.906, de 24.12.1975 Adm. OMPI - 72 ESTADOS
Dec. leg. 59, de 30.06.75 (Lex 1975/423), e Dec. 76.906, de 24.12.1975 (Lex 1975/849). O primeiro aprova o texto da Convenção para a proteção dos produtores de fonogramas contra a reprodução não autorizada de seus fonogramas, aprovada em 29.10.71; o segundo Dec. promulga a referida Convenção.

ACORDO SOBRE ASPECTOS DOS DIREITOS DE PROPRIEDADE INTELECTUAL RELACIONADOS AO COMÉRCIO - ADPIC (ou TRIPS)
Promulgado pelo
Decreto nº 1.355, de 31.12.1994
Adm.GATT

O Decreto nº 1.355, de 30.12.1994 (Lex - Dezembro/1994 pags. 2637/2666). Promulgou a Rodada do Uruguai onde o tratado ADPIC (TRIPS) está contido nos artigos 1 a 73, do Anexo sobre Telecomunicações.

CONSTITUIÇÕES BRASILEIRAS

CONSTITUIÇÃO POLÍTICA DO IMPÉRIO DO BRASIL
De 23 de março de 1824
NIHIL

CONSTITUIÇÃO DA REPÚBLICA DOS ESTADOS UNIDOS DO BRASIL
De 24 de fevereiro de 1891
Art. 72 - § 26

Art. 72 - A Constituição assegura a brasileiros e a estrangeiros residentes no país a inviolabilidade dos direitos concernentes à liberdade, à segurança individual e à propriedade, nos termos seguintes:
§ 26 - Aos autores de obras literárias e artísticas é garantido o direito exclusivo de reproduzi-las, pela imprensa ou por qualquer outro processo mecânico. Os herdeiros dos autores gozarão desse direito pelo tempo que a lei determinar.

EMENDAS DA CONSTITUIÇÃO DA REPÚBLICA DOS ESTADOS UNIDOS DO BRASIL
De 7 de setembro de 1926
Art. 72 - § 26

Art. 72 - A Constituição assegura a brasileiros e a estrangeiros residentes no país a inviolabilidade dos direitos concernentes à liberdade, à segurança individual e à propriedade, nos termos seguintes:
§ 26 - Aos autores de obras literárias e artísticas é garantido o direito exclusivo de reproduzi-las, pela imprensa ou por qualquer outro processo mecânico. Os herdeiros dos autores gozarão desse direito pelo tempo que a lei determinar.

CONSTITUIÇÃO DA REPÚBLICA DOS ESTADOS UNIDOS DO BRASIL
De 16 de julho de 1934
Art. 113 - § 20

Art. 113 - A Constituição assegura a brasileiros e a estrangeiros residentes no país a inviolabilidade dos direitos concernentes à liberdade, à segurança individual e à propriedade, nos termos seguintes:
§ 20 - Aos autores de obras literárias, artísticas e científicas é assegurado o direito exclusivo de reproduzi-las. Esse direito transmitir-se-á aos seus herdeiros pelo tempo que a lei determinar.

CONSTITUIÇÃO DA REPÚBLICA DOS ESTADOS UNIDOS DO BRASIL
De 10 de novembro de 1937
- NIHIL -

CONSTITUIÇÃO DA REPÚBLICA DOS ESTADOS UNIDOS DO BRASIL
De 18 de setembro de 1946
Art. 141 - § 19

Art. 141 - A Constituição assegura aos brasileiros e aos estrangeiros residentes no país a inviolabilidade dos direitos concernentes à liberdade, à segurança individual e à propriedade, nos termos seguintes:
§ 19 - Aos autores de obras literárias, artísticas ou científicas pertencem o direito exclusivo de reproduzi-las. Os herdeiros dos autores gozarão desse direito pelo tempo que a lei fixar.

CONSTITUIÇÃO DO BRASIL
De 24 de janeiro de 1967
Art. 150 - § 25

Art. 150 - A Constituição assegura aos brasileiros e aos estrangeiros residentes no país a inviolabilidade dos direitos concernentes à vida, à liberdade, à segurança e à propriedade, nos termos seguintes:
§ 25 - Aos autores de obras literárias, artísticas e científicas pertence o direito exclusivo de utilizá-las. Esse direito é transmissível por herança, pelo tempo que a lei fixar.

CONSTITUIÇÃO DA REPÚBLICA FEDERATIVA DO BRASIL
(Emenda Constitucional nº 1) De 17 de outubro de 1969
Art. 153 - § 25

Art. 153 - A Constituição assegura aos brasileiros e aos estrangeiros residentes no país a inviolabilidade dos direitos concernentes à vida, à liberdade, à segurança e à propriedade, nos termos seguintes:
§ 25 - Aos autores de obras literárias, artísticas e científicas pertence o direito exclusivo de utilizá-las. Esse direito é transmissível por herança, pelo tempo que a lei fixar.

> CONSTITUIÇÃO DA REPÚBLICA FEDERATIVA
> DO BRASIL
> De 5 de outubro de 1988
> Art. 5º - Incisos XXVII e XXVIII, als. a) e b)
>
> Art. 5º - Todos são iguais perante a lei, sem distinção de qualquer natureza, garantindo-se aos brasileiros e aos estrangeiros residentes no País a inviolabilidade do direito à vida, à liberdade, à igualdade, à segurança e à propriedade, nos termos seguintes:
> XXVII - aos autores pertence o direito exclusivo de utilização, publicação ou reprodução de suas obras, transmissíveis aos herdeiros pelo tempo que a lei fixar.
> XVIII - são assegurados, nos termos da lei:
> a) a proteção às participações individuais em obras coletivas e à reprodução da imagem e voz humanas, inclusive nas atividades desportivas;
> b) o direito de fiscalização do aproveitamento econômico das obras que criem ou de que participem aos criadores, aos intérpretes e às respectivas representações sindicais e associativas.

Para concluir este breve histórico, transcrevemos o emblemático preceito do artigo 27 da Declaração Universal dos Direitos do Homem, proclamada pela Organização das Nações Unidas, em 10 de dezembro de 1948:

"*Artigo 27 - 1. Todo o homem tem o direito de participar livremente da vida cultural da comunidade, de fruir das artes e de participar do progresso científico de seus benefícios.*
2. Todo homem tem direito à proteção dos interesses morais e materiais decorrentes de qualquer produção científica, literária ou artística da qual seja autor."

Portanto, o respeito aos Direitos Intelectuais constitui hoje, acima de qualquer coisa e em qualquer lugar, um compromisso inafastável da humanidade para com os criadores do espírito.

Capítulo II

O interesse intelectual coletivo e sua harmonização com a propriedade intelectual

Heródoto de Halicarnasso foi o primeiro estudioso a produzir história, no sentido de investigação seguida de um relato. É por isso conhecido como o *"pai da história"*.

Leciona W. M. Jackson que, *"ao escrever a sua História, Heródoto teve em mira evitar que os vestígios das ações praticadas pelos homens se apagassem com o tempo e que as grandes e maravilhosas explorações dos gregos, assim como as dos bárbaros, permanecessem ignoradas; ..."*
(*in* "Heródoto - História". Rio de Janeiro, 1964, pág. 5 - Clássicos Jackson, Vol. XXIII - extraído da obra "*História Geral, A Construção de um Mundo Globalizado*", de Joana Neves - 1ª edição - 2002 - Editora Saraiva - São Paulo - pág. 15)

A História nasceu, pois, como uma simples pesquisa e narrativa cronológica de fatos passados.

A grande evolução ocorreu a partir do século XIX e ganhou forma no século XX. Os historiadores passaram a se preocupar com a História como ciência, em sua dimensão maior, como um tridimensional estudo do tempo, compreendendo presente, passado e futuro, com todos os entrelaçamentos possíveis.

Os fatos históricos são, por natureza, fatos políticos, razão por que o estabelecimento de uma relação de causa e conseqüência entre eles virou preocupação constante dos modernos estudiosos e pesquisadores. Mais que descrever o fato, é preciso entendê-lo em sua origem e projetá-lo.

Para Eric Hobsbawm, um dos mais destacados historiadores da atualidade, o problema dos estudiosos é analisar a natureza desse "*sentido do passado*" na sociedade e localizar suas mudanças e transformações. (*in* "Sobre História". Companhia das Letras. São Paulo, 1998, pág. 22 - extraído de Joana Neves, obra citada, pág. 16).

Por tudo isso, não aceito que alguns dogmas, decorrentes da sucessão puramente cronológica dos fatos, mas não da lógica dos fatos, ainda sejam impostos às crianças e aos adolescentes nos bancos escolares.

Tão simplista e inverossímil quanto se dizer, por exemplo, que o Brasil foi descoberto por acaso, algo muito mais próximo de uma "*story*" do que da "*History*", é se afirmar que o Renascimento já completou seu ciclo e que, de lá para cá, atravessamos uma era definida como Idade Moderna e ingressamos na Idade Contemporânea.

O Renascimento nada mais foi e é do que uma grande revolução cultural, inspirada no modelo clássico e cujos princípios fundamentais foram determinados pelo humanismo.

Os intelectuais da chamada Idade Média sempre se interessaram pela ciência. O que mudou com a Renascença foi o enfoque. O Humanismo, como o nome já diz, buscava a valorização do homem como indivíduo, contrapondo-se aos valores religiosos de então. Tratava-se de uma nova atitude diante da vida. Para a historiadora Joana Neves (*in* obra citada - pág. 221), muito mais do que uma doutrina, o Renascimento representava uma nova atitude perante a vida, um certo modo de conduta intelectual, moral e estética que implicava amor à verdade, espírito crítico, coragem para combater preconceitos e idéias preconcebidas. Também envolvia amor à beleza, ao prazer refinado e a uma inesgotável curiosidade, além do gosto pela convivência e pelo cosmopolitismo.

Essas concepções resultaram em um ideal de universalidade. Aspirava-se à realização do homem universal, ou seja, capaz de abarcar, com os seus conhecimentos e habilidades, todo o universo.

A invenção da imprensa por Gutemberg e o advento das ágeis caravelas dos ibéricos marcaram o início do fantástico ciclo de propagação dos ideais humanos e universalistas.

Seria ingênuo imaginar-se que esse ciclo já se encerrou. Muito mais ingênuo ainda aceitar-se que a chamada "*Idade*

Moderna" decretou o fim da Renascença. Trata-se de uma visão simplista, muito mais cronológica do que lógica.

Não se pode entender o *"estado maquiavélico"*, considerado uma realidade em si, projeção do absolutismo monárquico, inspirado na origem divina do poder real, como resultado sócio-cultural de uma verdadeira revolução humanista, voltada para a valorização do homem, como indivíduo. O máximo que se pode dizer é que a criação do chamado "estado moderno" representou, sob os aspectos político e econômico, o marco inaugural de um novo e significativo período histórico, sem que isso importasse no fecho do ciclo renascentista e no início de uma nova era.

A primeira grande conseqüência dos novos tempos, pelas suas amplas repercussões mundiais de ordem política, econômica, social e cultural, foi, sem dúvida, a Revolução Francesa, um verdadeiro símbolo, como fato histórico, do ciclo renascentista. Contudo, para os historiadores convencionais, a Revolução Francesa determinou o início da denominada Idade Contemporânea. Trata-se de mais uma nomenclatura infeliz: contemporâneos todos foram e continuarão sendo a seu tempo, inclusive os neolíticos. Acontece que os apologistas da história tradicional, cronologicamente disposta, resolveram estancar prematuramente o Renascimento, para dar início a uma suposta Idade Moderna e, indo além, batizaram-nos de contemporâneos. Talvez uma concessão à vaidade humana, que leva boa parte de nossos semelhantes a se vangloriar de ser, mais do que modernos, contemporâneos, como se essa qualificação vazia pudesse representar alguma coisa a título de identificação histórica.

Acontece que o processo de difusão do conhecimento e da experiência está ainda muito longe de atingir níveis pelo menos razoáveis, capazes de fundamentar a assertiva de que o périplo renascentista já foi integralmente percorrido.

A partir do século XIX a ciência e a técnica se deram as mãos, dando início a um extraordinário surto de progresso tecnológico, em escala geométrica.

Contudo, a maior parte dos nossos semelhantes simplesmente convive com a moderna tecnologia, sem procurar entendê-la como fenômeno e sem extrair todos os benefícios culturais, científicos e práticos que ela pode e deve nos proporcionar.

Daí assistirmos, hoje, atônitos, à incrível convivência de várias épocas dentro da mesma época. Paleolíticos e outros primatas desfilam pelas ruas ao lado de homens de requintada formação intelectual, todos padronizados pelo hábito ocidental do paletó e da gravata.

Outro dia um cidadão humilde e de poucas letras manifestou-me a sua estranheza pelo fato de as águas do rio São Francisco "subirem" mansamente do Sudeste brasileiro em direção ao Nordeste. Pela lógica do sujeito, as águas deveriam "descer" em direção ao Sul, que, para ele, ficaria na parte de baixo do planeta Terra, a menos que fossem impulsionadas por uma potente bomba hidráulica. Trata-se de uma nova e revolucionária tese sobre a lei da gravidade ... Da mesma forma, muita gente ainda duvida que o homem já tenha colocado os pés na Lua, apesar do feito de Neil Armstrong, em 20 de julho de 1969, ter sido transmitido pela televisão para mais de um bilhão de telespectadores em todo o mundo. Esses incrédulos estão anos-luz atrasados em relação a Copérnico, Galileu e Kepler, por exemplo, cientistas que nasceram há mais de quatro séculos.

Ninguém duvidará também que filósofos gregos de inteligência privilegiada como Sócrates, Platão e Aristóteles, absorveriam com muito mais rapidez e facilidade todos os avanços tecnológicos do nosso tempo, do que alguns povos contemporâneos mais primitivos, que ainda vivem em regime tribal, embora cerca de 2500 anos separem estes daqueles.

Destarte, a realidade cronológica chamada 2006 é a pior referência para se aferir o grau de civilização da sociedade atual, pois se alguns poucos já se encontram, intelectual e espiritualmente, até muito além de seu tempo, um grande contingente ainda navega nas águas da Pré-História.

Mas um novo fator surgiu para acelerar o processo e talvez encurtar o que falta do que chamaria *"renascimento de fato"* ou para chancelar um período, digamos, *"neo-renascentista"* - refiro-me à INFORMÁTICA. Para Nicholas Negroponte, a mudança dos átomos para os bits é irrevogável e não há como detê-la. Segundo Negroponte, Thomas Jefferson, que nos legou o conceito de bibliotecas públicas e o direito de consultar livro de graça, jamais considerou a possibilidade de 20 milhões de pessoas terem, ao mesmo tempo, acesso eletrônico a uma biblioteca digital, podendo retirar dela o material desejado sem qualquer custo. Afirma o mesmo autor que se trata de uma mudança exponencial, que poderá acarretar conseqüências assombrosas. (*in* "A Vida Digital", tradução de Sérgio Tellaroli - Companhia das Letras - 2ª edição - São Paulo - 2000 - pág. 10).

Na trilha de Negroponte, podemos afirmar que a informática não tem mais nada a ver com os computadores. Tem a ver com a vida das pessoas. O gigantesco computador central, conhecido como "*mainframe*", já foi substituído por microcomputadores em quase toda parte. Vimos os computadores mudarem-se das enormes salas com ar condicionado para os gabinetes, depois para as mesas e, agora, para os nossos bolsos e lapelas. Muito em breve nossas abotoaduras ou brincos poderão comunicar-se entre si por intermédio de satélites de órbita baixa, e terão um poder de processamento superior aos atuais micros. Tudo mudará, dos meios de comunicação de massa às escolas.

Se observarmos bem, verificaremos que os modernos computadores são descendentes distantes da velha prensa de Gutemberg, assim como os astronautas herdaram o desassombro e o espírito de conquista dos tripulantes das antigas caravelas. A Renascença, nesta fase tecnológica e cibernética, assume proporções ao mesmo tempo fascinantes e dramáticas, ou seja, estamos vivendo em um "planeta digital", capaz de concentrar uma gama fantástica de informações em uma cabeça de alfinete, para usar a expressão de Negroponte.

Portanto, todo cuidado é pouco. Vale reproduzir aqui a sábia advertência de José de Oliveira Ascensão:

"Diz-se que se chega assim à "sociedade da informação". Há um óbvio empolamento do termo; o que há é a sociedade da comunicação integral e não a sociedade da informação. O conteúdo da mensagem transmitida não é necessariamente informação - ou só o é se entendermos informação em sentido de tal modo lato que lhe faz perder toda a precisão. Quem acede a uma página erótica ou pratica um

jogo não está a se informar". (*in* parecer publicado sob o título "O direito de autor no ciberespaço", publicado na RDR nº 14 - Mai/Ago. 1999 - pág. 46)

Ou seja, nem toda comunicação contém uma informação, como nem toda informação abriga um conhecimento.

Conclui-se que um poliglota imbecil, atrelado a um computador, poderá ser muito mais lesivo à humanidade do que um monoglota igualmente imbecil, munido de uma antiga máquina de escrever manual, pois o público alvo daquele será, em tese, infinitamente maior do que o reduzido grupo de destinatários ao alcance deste.

Muito pertinente a advertência feita por Denise da Costa. Diz ela:

"Com a popularização da micro-informática, cada vez mais o poder das poderosas máquinas chamadas computadores é evidente. Elas dominaram casas, estúdios e invadiram as agências de publicidade e serviços periféricos, a ponto de não ser mais possível viver e conviver sem eles.

O que se ganhou em tecnologia se perdeu em poesia.

Muito democrático, o Sr. Computador trouxe a padronização e a máscara para aqueles que precisavam esconder sua completa inaptidão para a criação.

Com milhares de fontes, recursos gráficos e efeitos mirabolantes, por muito tempo cumpriu bem essa função. Mas como diz o ditado: não se pode enganar muitas pessoas por muito tempo e, enfim, está chegando o dia da saturação. (tomara seja breve !)."

(*in* "Mesmo Pequeno, Pense Grande" - no sub-título "Na Era da Regressão" - Editora "Ao Livro Técnico" - páginas 70 e 71)

Em suma, os modernos meios de comunicação serão sempre meios, como o próprio nome já diz, nunca fins em si mesmos, prestando-se, destarte, se não houver um mínimo de ética e bom-senso, a toda sorte de interesses, manipulações e tendenciosidades.

E como situar os direitos intelectuais dentro desse novo contexto?

Afinal de contas, diante do avanço da comunicação, especialmente da informática, a vulnerabilidade da propriedade sobre os bens imateriais tornou-se infinitamente maior do que a da propriedade sobre os bens corpóreos. Ainda não se pode invadir fisicamente uma fazenda, ou mesmo um modesto barraco, através da Internet; ou, ainda, se realizar a remoção via "*on line*" de um automóvel, ou de uma pequena jóia. Ou seja, a propriedade material parece estar a salvo, pelo menos por enquanto...

Por outro lado, o interesse coletivo pelo uso de obras literárias, artísticas e científicas obviamente cresceu diante do fácil e relativamente barato acesso às mesmas por meios eletrônicos.

A pergunta, no fundo, é uma só: como conciliar essa sede natural e justa de conhecimento e lazer, de cultura e de entretenimento, que se espalha pelos quatro cantos do mundo, com o legítimo exercício dos direitos intelectuais por parte de seus titulares?

Desde logo, não nos parece razoável que somente os criadores do espírito paguem a conta do progresso tecnológico.

Se um terreno, como propriedade privada, é esbulhado, o proprietário poderá apelar para a Polícia e para a Justiça promoverem a expulsão e a punição do invasor.

Já o direito de autor experimenta momentos de rara e inédita aflição. O abusivo "*uso pessoal*", que tem na "*cópia privada*" a sua expressão maior, a crescente "*pirataria*", consistente na reprodução clandestina e fraudulenta de impressões gráficas, de produções fonográficas, de obras audiovisuais e de programas de computadores, e, por fim, o advento da Internet terminaram por gerar na comunidade autoral internacional um certo sentimento de perplexidade e impotência.

Para se ter uma pálida idéia da gravidade do problema, a quantidade estimada de "*downloads*" realizados através do NAPSTER, em um único mês de 2001, superou a quantidade de exemplares de fitas e discos negociados legitimamente durante o ano inteiro de 2000!

Assim é que apenas no mês de fevereiro de 2001, quando o NAPSTER ainda funcionava irregularmente, foram feitos 2.790.000.000 "*downloads*", segundo o "Jornal do Brasil", Caderno B, edição de 27 de junho de 2001, enquanto que, de acordo com os dados fornecidos pela IFPI - *International Federation of the Phonographic Industry*, durante todo o ano de 2000 foram vendidos, em todo o mundo, cerca de 2.511.000.000 exemplares de suportes matérias, entre CDs, minidiscs, cassetes e LPs.

De lá para cá a situação só fez se agravar, sempre em detrimento dos criadores intelectuais, como nos revela de forma bastante eloqüente a chamada de primeira página, que transcrevemos a seguir, de matéria publicada no "Jornal do Brasil" de 24 de abril de 2006, sob o título "*O avanço da ilegalidade. PIRATARIA DERROTA MERCADO MUSICAL*":

"*Medidas de repressão na Justiça e sucessivas operações policiais se tornam ineficazes diante de números tão avassaladores: a pirataria musical no país reduziu o espaço e o tamanho das gravadoras a apenas 25% do que tinham em 1999. A venda de CDs em lojas caiu 8% e o faturamento do setor também vem baixando vertiginosamente, em índices em torno de 10%, como o registrado no ano passado em relação a 2004. O rolo compressor da ilegalidade é medido pela comparação do mercado virtual, onde a briga é ainda mais inglória. Em doze meses, foram 1,2 bilhão de músicas baixadas na internet irregularmente, contra apenas 50.000 copiadas pelos canais oficiais.*"

Essa volumosa, assustadora e incontrolada troca de arquivos através da Internet é intolerável, pois efetivamente não se trata de "um caso especial", que "não prejudica a exploração da obra", "nem causa prejuízo aos legítimos interesses do autor". A verificação da ocorrência dessas três condições cumulativas, que constituem os pressupostos para concessão de limitações aos direitos autorais, é o que se denomina de "Teste Tríplice", derivado do Artigo 9.2 da Convenção de Berna, antes específico para o direito de reprodução e que agora se aplica a todos os direitos exclusivos, conforme disposto no Artigo 13 do já referido Acordo Sobre Aspectos de Direitos de Propriedade Intelectual Relacionados ao Comércio (TRIPS), que integra o Acordo Constitutivo da Organização Mundial do Comércio - OMC, promulgado no Brasil pelo Decreto nº 1.355, de 30 de setembro de 1994.

Sobre o momentoso assunto, assim se pronuncia, com propriedade, Jorge de Souza Costa:

"A globalização é fato. Irreversível. E trouxe à baila questionamentos sobre o poderio, não somente econômico como cultural, dos países desenvolvidos e em desenvolvimento. Cabe, portanto, aos países que gozam dos benefícios que a Internet proporciona, evidentemente, adotar um processo de conscientização nacional e de práticas culturais, econômicas, literárias, artísticas e científicas, de modo a preservar sua cultura e o seu patrimônio."
(*in* "Acordes Dissonantes no Ciberespaço", artigo publicado na revista "SOCINPRO NOTÍCIAS", informativo da SOCINPRO - Sociedade Brasileira de Administração e Proteção de Direitos Intelectuais - Edição nº 5 - Julho de 2000).

Ao abordar o surgimento da Internet, observa Sílvia Gandelman:

"Existe, por parte do artista, um olhar muito negativo com relação à Internet. É sempre assim quando surgem novas tecnologias que, inevitavelmente, trazem no reboque a violação dos direitos do autor. Depois, as pessoas começam a olhar positivamente. Basta uma rápida análise na história do direito autoral: os artistas do início do século XX ganhavam dinheiro somente com a venda de partituras. De lá para cá, quantos direitos foram criados: fonomecânico, sincronização em filme e televisão, em rádio, venda de CD, são mais de 20 direitos diferentes oriundos da execução da música."
(*in* entrevista concedida sobre o tema "A Música na Era Virtual" à revista "SOCINPRO NOTÍCIAS", informativo da SOCINPRO - Sociedade Brasileira de Administração e Proteção de Direitos intelectuais - Edição nº 5 - Julho de 2000)

Sobre a vertiginosa evolução tecnológica dos meios de reprodução e comunicação da obras intelectuais, leciona José Carlos Costa Netto:

"Com efeito, se a revolução industrial representou a transferência dos artesãos do trabalho individual ou familiar realizado no seu ambiente doméstico para a atividade coletiva das fábricas, se alastrando estas pelo mundo civilizado, principalmente a partir do século seguinte, a rede digital de informação permite que a mesma situação anterior se reinstale, principalmente em relação a determinados bens culturais: a sua duplicação pode ser feita, em produção de massa, com

dimensões mundiais, no ambiente doméstico do próprio consumidor. E a forma de armazenamento dessas reproduções digitais evolui com a mesma rapidez: está sendo lançado nos Estados Unidos um "tocador de MP 3" com dimensões pouco maiores do que um maço de cigarros, que pode arquivar até 20.000 minutos de música digitalizada, o que equivale a 500 CDs."
(citação extraída do artigo intitulado "O direito do autor sobre as obras musicais na era digital", publicado na Revista do Advogado, da Associação dos Advogados de São Paulo - Ano XXIII - nº 69 - Maio de 2003 - pág. 85)

De tudo se infere que um denominador comum pode e deve ser encontrado para ajustar a irrenunciável proteção aos direitos intelectuais com o crescente interesse coletivo no acesso às letras, às artes e à ciência.

E o primeiro passo talvez esteja em se evitar a paranóia. Freqüentes são as manifestações daqueles mais afoitos que pregam a mudança constante da legislação, para acompanhar o avanço tecnológico. Nada mais inadequado e precipitado. Até porque, como salienta João Carlos Muller Chaves, em suas manifestações sobre o tema, os princípios básicos que motivam os direitos intelectuais continuam os mesmos e se encontram estampados na Convenção de Berna, de 1886, com a sua última revisão de Paris, em 1971, e na Convenção de Roma, de 1961. Impõe-se, apenas, a progressiva atualização da legislação autoral, sempre de forma equilibrada e coerente, sem perder de vista, como nos ensina Müller Chaves, os princípios gerais.

Duas são as modalidades genéricas de uso da criação intelectual: a reprodução e a comunicação ao público. Isso não mudou. Novas formas de utilização surgiram, sobretudo em virtude do avanço tecnológico, mas sempre em função daquelas ou delas derivadas, como espécies do mesmo gênero.

Assinale-se que o progresso exponencial dos veículos de comunicação ampliaram muito mais os meios de utilização do que as modalidades de uso das obras e das produções, que permanecem praticamente as mesmas consagradas na Convenção de Berna.

Destarte, tal avanço, antes de desafiar o direito substantivo dos autores em sua essência e contornos, pode, na prática, dificultar-lhes o exercício desse direito.

No que tange ao uso pessoal ou privado, a tolerância deve-se revestir da máxima cautela e parcimônia. Nesse sentido, a Lei nº 9.610/98, que disciplina os direitos autorais em nosso País, é ainda mais restritiva do que aquela que a antecedeu, a de nº 5.988/73. Ao estabelecer as limitações ao exercício do direito de autor, o inciso II do Artigo 46 da nova Lei declara só ser tolerável a *"reprodução em um só exemplar, de pequenos trechos, para uso privado do copista, desde que feita por este, sem intuito de lucro"*, enquanto que a Lei anterior referia-se também à *"reprodução em um só exemplar"*, sem limitar, contudo, esse uso, à reprodução apenas de *"pequenos trechos"* da obra.

Já a *"pirataria"* reprográfica, fonográfica e audiovisual, tão debatida e analisada, configura um crime e como tal deve ser drasticamente combatida. A fórmula é simples, não porque seja a melhor ou mais eficiente, mas porque é a única: deve-se promover, como ocorreu recentemente em nosso País com a promulgação da Lei nº 10.695, de 2003, o agravamento da sanção penal e, obviamente, a intensificação da ação policial, além, é claro, de campanhas institucionais capazes de esclarecer os usuários, de preferência com a participação ativa de autores e artistas famosos, que, além de diretamente interessados, são poderosos agentes formadores de opinião pública.

Fernando Fragoso foi enfático quando indagado, em entrevista concedida à revista SOCINPRO NOTÍCIAS, se os artistas poderiam dormir tranquilos após a promulgação da Lei nº 10.695, de 2003. Afirmou ele:

"Se a polícia funcionar... O problema todo se resume agora na eficácia do cumprimento da lei. Acho que a questão da pirataria é levada a sério, mas a polícia está mais preocupada com a violência urbana. A criação das delegacias especializadas em violação de direito autoral foi providência muito boa, porque poderemos ter, a médio prazo, com a formação de um corpo policial específico para esta atividade, uma repressão eficaz. Com certeza, porém, a Lei 10.695 alterou de forma importante o tratamento criminal das violações ao direito autoral, tanto na parte relativa aos crimes, como na referente ao procedimento adotado para a perseguição dos piratas."

Questionado, na mesma entrevista, sobre o papel das associações autorais diante da nova legislação penal, assim de pronunciou Fernando Fragoso:

"... *as sociedades podem autonomamente representar o autor no processo penal, para auxiliar a promotoria pública. Não é necessário que o autor pessoalmente ou seu editor vá a juízo buscar a perseguição criminal. A sociedade à qual estão vinculados o autor, o artista, o produtor ou seus sucessores (ou seja, os titulares de direitos de autor e conexos), pode ir a juízo, atuar como assistente da promotoria no processo acusatório, ou seja, vigiar o fiel andamento do processo criminal. As sociedades agora podem prestar mais um serviço aos seus associados. Acho que vai depender muito delas, também, que a polícia fique sempre alerta e trabalhando efetivamente. As associações devem se preparar, inclusive, para ajudar na investigação criminal, pois esta é, infelizmente, a pior deficiência da polícia brasileira.*"

(*in* entrevista concedida à revista "SOCINPRO NOTÍCIAS", informativo da SOCINPRO - Sociedade Brasileira de Administração e Proteção de Direitos Intelectuais - n.º 11 - julho, Agosto e Setembro de 2003)

Convém lembrar que até a promulgação das Leis n.ºs 6.895, de 1980; 8639, de 1993; e 10.695, de 2003, o nosso Código Penal, de 1940, punia, por exemplo, de forma bem mais rigorosa o furto de simples lápis do que a usurpação de todo o vasto e rico repertório lítero-musical de Roberto Carlos, ou de Chico Buarque...

No Brasil, a ação policial deve se concentrar, sobretudo, nos conhecidos corredores de contrabando, nas fronteiras vivas do País com o Paraguai e com a Bolívia. Não vai resolver o problema, mas pelo menos vai aliviá-lo e minorá-lo, ainda que temporariamente.

A prisão de camelôs na Praça da Sé, em São Paulo, ou no Largo da Carioca, no Rio de Janeiro, pode gerar boas imagens de televisão, mas não produzirá qualquer coisa de positivo além disso. Ademais de se tratar de um delito de ação pública, a "*pirataria*" importa também na grande evasão de impostos federais e estaduais, justificando plenamente e exigindo a atuação de autoridade policial em todos os seus níveis.

Assistimos, pasmos, a uma reportagem de televisão, denunciando e mostrando que o contrabando na conhecida Ponte da Amizade, que liga o Brasil ao Paraguai, se intensifica nos horários de folga dos policiais, mais precisamente na hora do almoço. Sem comentários... A continuar assim, não serão vãs promessas e reuniões feéricas no Palácio do Planalto, com a presença de artistas, empresários culturais e políticos mais interessados na "tietagem", que irão resolver o problema da "pirataria" no Brasil.

Sobre o uso abusivo de obras via Internet, igualmente muito já se disse e dir-se-á.

Consideramos que a própria tecnologia deve se encarregar de criar dispositivos que, adaptados à rede, possam coibir ou limitar, de alguma maneira, a disseminação indiscriminada de músicas via "*web*". O desafio agora é encontrar meios tecnológicos para frear os abusos e proteger os legítimos direitos dos criadores intelectuais.

Sem dúvida, nada melhor e mais adequado do que se utilizar da tecnologia moderna para se controlar e coibir os usos abusivos dos direitos autorais, decorrentes da moderna tecnologia.

A indústria fonográfica, por exemplo, empenhada em incentivar o desenvolvimento de tecnologias controláveis, propõe a administração digital dos direitos - o chamado "*Digital Rights Management*" (DRM). O "*liquid audio*" e o WMP7 (da *Microsoft*) são referências de modernas tecnologias que permitem disponibilizar música na Internet, mas restringem não apenas a cópia, como também a possibilidade de se escutar determinada música na íntegra, a menos que o ouvinte obtenha uma licença para tal utilização.

No que concerne à transmissão simultânea na Internet, batizada de "*Simulcast*", da programação de uma rádio já existente no formato hertziano, o mais recomendável, quanto aos direitos de execução pública musical e de fonogramas, talvez seja a adoção da licença genérica através de entidade de gestão coletiva, como é o caso do ECAD, para posterior apuração forfetária (por amostragem) para fins de distribuição dos respectivos proventos.

Entretanto, toda moeda tem duas faces. As exigências do bem comum e os fins sociais a que uma lei se destina devem, em muitos casos, prevalecer sobre os direitos individuais, quando da aplicação da norma jurídica pelo juiz. Aliás, essa preocupação com o aspecto social e coletivo se torna cada vez mais intensa em todo o mundo, inclusive em nosso País.

São os apelos naturais, como dissemos antes, dessa fase do *"Moderno Renascimento"*, expressão com que ousamos qualificar o nosso tempo, ao arrepio da nomenclatura histórica tradicional.

Essa etapa do processo de democratização do conhecimento e da cultura potencializou-se com a Revolução Industrial e se tornou exponencial com o advento do rádio, da televisão e, por fim, como já destacamos, da Informática.

Como bem salienta Eliane Y. Abrão, os principais fins sociais a que visam as leis autorais são *"a promoção da cultura e o avanço do conhecimento, que não se esgotam no privilégio temporário conferido ao autor e à obra."* Para ela, a *"função das leis autorais é, não só a de coibir o uso ilícito dos direitos e obra, mas, e principalmente, a de garantir a proteção ao seu uso lícito"*. (*in* obra citada, págs. 217 e 218)

Eliane enumera uma série de situações em que pode ocorrer abuso do exercício do direito autoral, em detrimento do interesse coletivo.

Destacamos algumas situações mais freqüentes, como, por exemplo, quando se pleiteia a proteção para métodos, sistemas, formatos, idéias e todos os demais atos e conceitos que se encontrem dentro do campo de imunidade do direito autoral; quando se restringem as limitações impostas aos usos livres das obras em função da ordem pública ou de direitos alheios, impedindo que uma pessoa ou grupo de pessoas exerçam a crítica ou o estudo de obra pré-existente; ou quando o agente ou órgão investido da arrecadação dos direitos de utilização pública autuam a representação teatral, ou a execução musical realizada gratuitamente para fins exclusivamente didáticos, ou em ambientes domésticos; ou, ainda, quando se tenta influir na liberdade criativa do intérprete; ou quando se investe contra a paródia ou a caricatura alegando ofensa inexistente; ou mesmo quando as pessoas que necessitam da criação de um autor, como matéria-prima de sua atividade profissional, abusam de sua superioridade econômica ou política para açambarcar, através de contratos leoninos, todas as formas de uso da obra, por todos os meios e processos, com alcance e comercialização garantida em todos os países, sem limitação no tempo; ou, também, os herdeiros que impedem o uso regular das obras criadas pelo autor, impondo ônus excessivos ou embaraços à livre circulação do bem cultural. Em suma, como afirma Eliane Abrão, "*a lista é enorme e deve ser cuidadosamente analisada*". (*in* obra citada - pág. 218).

A população mundial é, em sua maioria, pobre e carente. Partindo dessa premissa óbvia, não será razoável exigir-se, por exemplo, que um jovem estudante, que necessite ler um único capítulo de cada um de meia dúzia de livros distintos, seja obrigado a adquirir todos os livros para atingir seu objetivo. Mas como conciliar os interesses dos autores das obras com os objetivos do jovem estudante? Talvez o melhor caminho esteja na gestão coletiva do direito reprográfico, nos moldes realizados em nosso País pela ABDR - Associação Brasileira do Direito Reprográfico, graças, sobretudo, ao empenho de Plínio Cabral.

Em resumo, todo excesso, todo exagero, inclusive conceitual, de parte a parte, é prejudicial à boa convivência, importante para todos, das prerrogativas dos titulares de direitos intelectuais com os interesses da coletividade.

Já ouvimos a opinião de alguns mais afoitos, no sentido de que deveria existir uma relação de direito de autor entre o cozinheiro e a receita culinária, entre o estilista de moda e o feitio de alta costura. Não nos admiraremos se alguém mais entusiasmado defender a tese da relação autoral entre pais e filhos, na medida em que estes não deixam de ser uma "criação genética" daqueles... São verdadeiras agressões ao princípio axiomático da relatividade dos conceitos.

Por outro lado, certos usuários de música alegam, ingênua ou espertamente, que não deveriam pagar pela obra publicamente executada, pois a execução implica na divulgação da obra em benefício dos autores. Fica a indagação se o argumento absurdo desses falsos mecenas valeria para, por exemplo, obter vantagens na compra de veículos, na medida em que, ao circularem pelas ruas, os automóveis divulgam as marcas de seus respectivos fabricantes ao público...

Uma das modalidades mais comuns e por certo a mais popular de uso das criações intelectuais, que ainda provoca muitos confrontos entre a propriedade intelectual e o interesse intelectual coletivo, é, sem dúvida, a execução pública musical e de fonogramas.

A explicação é fácil - essa antiga forma de utilização, antes restrita aos espetáculos "ao vivo" em locais de freqüência coletiva, a partir do advento das gravações sonoras, da cinematografia, da radiodifusão e, mais recentemente, da Internet, passou a envolver milhões de titulares de direitos autorais e um público alvo de bilhões de pessoas em todo o mundo. Nada mais comum, nos dias de hoje, do que um espetáculo musical ser transmitido simultaneamente, via satélite, para mais de uma centena de países.

Infelizmente, autores, compositores e artistas nacionais ainda desconhecem, em número bastante elevado, o fato gerador e o procedimento de arrecadação e distribuição dos direitos autorais de execução pública musical de que são titulares.

Por envolver pessoas famosas, "televisivas" e "colunáveis", cujos nomes estão na boca do povo, tais direitos são por vezes abordados pela mídia, por políticos e até mesmo por magistrados, de forma superficial, e, em alguns casos, de maneira passional, demagógica e tendenciosa.

Expressões como "usuários", "execução pública", "ECAD", "domínio público", "associações autorais", "lucro direto e indireto", "radiodifusão", "direitos conexos", "sonorização ambiental", "fonogramas", "obras audiovisuais" etc são tratadas com extrema desenvoltura por pessoas sem a menor formação jurídica ou conhecimento prático da matéria.

Pelo menos em tese, alguém só pode exercer bem o seu direito quando o conhece. Muita gente do vasto meio autoral ainda não está suficientemente familiarizada com os denominados *"direitos de execução pública de obras musicais, lítero-musicais e de fonogramas"*. Talvez por isso e, ainda, por envolverem os interesses de muita gente, eles produzem, em geral, mais polêmicas e controvérsias do que qualquer outro ramo dos direitos intelectuais.

Assim, procuraremos dar, a seguir, algumas noções básicas sobre os fatos geradores e os procedimentos de arrecadação e distribuição desses direitos no Brasil.

A execução (ou comunicação) de obras musicais e lítero-musicais ao público, através da apresentação de artistas "ao vivo" ou da participação dos mesmos em programas de rádio e televisão e, ainda, em películas cinematográficas, gera direitos de execução pública apenas para os autores e seus respectivos editores. São os chamados "direitos de autor".

Já a execução pública de fonogramas (discos e fitas) gera, além dos "direitos de autor", retribuições também para os intérpretes e músicos que participam das gravações e para as respectivas empresas gravadoras (produtores fonográficos). São os denominados "direitos conexos" (conexos, vizinhos ou análogos aos direitos do autor, é claro).

Essa comunicação ao público pode ser feita não só por meios tradicionais, seja em estabelecimentos de freqüência coletiva, seja por intermédio de emissoras abertas de rádio e de televisão e do cinema, como pode se dar ainda através dos novos e sofisticados meios eletrônicos, como são, dentre outros, as TVs por assinatura, a cabo ou não (tipo NET e TVA) e as infovias (sobretudo a conhecida Internet).

Seria materialmente inviável cada titular bater à porta de todos os usuários de música para cobrar os seus direitos, especialmente em um país de dimensões continentais e com enormes contrastes sociais, econômicos e culturais com é o caso do Brasil. Obviamente eles não teriam forças, recursos e tempo suficientes para tal empreitada.

Por esse motivo, autores, compositores, artistas intérpretes e executantes, editores de música e produtores de fonogramas se associam, em todo o mundo, para gerir coletivamente os seus direitos, dando origem às conhecidas sociedades autorais.

Na grande maioria das vezes, optam por uma cobrança centralizada, como acontece na França, na Itália, na Suíça, na Espanha, em Portugal, na Argentina, na Alemanha, na Escandinávia, na Grécia, no Japão, no Uruguai e na maior parte dos demais países civilizados, inclusive no Brasil.

Em nosso País, por força de lei (Artigo 115 da antiga Lei nº 5.988/73, ratificado pelo Artigo 99 da atual Lei nº 9.610/98), as associações de titulares de direito de execução pública mantêm um único Escritório Central de Arrecadação e Distribuição - o ECAD - e a ele confiam a tarefa, sem dúvida árdua e complexa, de cobrar e repartir os proventos de que seus milhares de filiados são credores.

O ECAD é atualmente (em julho de 2006) composto por seis associações efetivas, todas com representação na sua assembléia geral, e administra também os direitos de titulares filiados a outras cinco.

A administração do ECAD tem em seu vértice um superintendente, representante legal do órgão, e conta com a atuação de oito gerências de área, a saber: de arrecadação, distribuição, administrativa/financeira, jurídica, marketing, operações, tecnologia da informação e recursos humanos.

No final do ano de 2005, o banco de dados do ECAD, segundo seu Relatório Anual, registrava 266.322 usuários de música, 795.832 obras, 412.882 fonogramas, 37.429 criações audiovisuais e 214.715 titulares de direitos autorais (nacionais e estrangeiros). Os números são bem expressivos.

A distribuição dos valores arrecadados é feita, na maioria das vezes, de maneira forfetária, com base no critério (universalmente praticado) da amostragem, tomando-se em conta as cerca de 600.000 execuções catalogadas trimestralmente pelo ECAD, seja em decorrência dos registros realizados por diversos pólos de gravações, distribuídos pelas várias regiões geo-econômicas do País, seja em função dos registros efetuados pela empresa "Crowley", seja, ainda, com base no conteúdo das planilhas enviadas pelas emissoras de rádio e televisão e, finalmente, com fundamento nas informações contidas nas agendas de "shows" dos artistas, remetidas pelas associações. Em outros casos, como no repasse dos direitos arrecadados em "shows" ao vivo e dos valores provenientes da exibição cinematográfica, procede-se à chamada distribuição direta.

Outro elemento importante para a identificação das obras e dos fonogramas é a formatação dos respectivos documentos, através das fichas ISRC - "International Standard Recording Code" (preparadas e encaminhadas, por via eletrônica, pelo produtor fonográfico, pessoa física ou jurídica), assim como a ficha cadastral conhecida como *"ficha modelo 158"* (preparada e enviada, também por via eletrônica, pelo editor ou pelo próprio autor da obra). Essa documentação viabiliza e instrui o registro de obras, autores, editores, fonogramas, produtores, intérpretes e músicos no banco de dados do ECAD, abrindo caminho para uma distribuição correta.

Apesar de seu indiscutível crescimento, revelado pelos números, o ECAD ainda enfrenta diversos problemas administrativos e operacionais, que precisam ser superados, especialmente na área da distribuição, cujos critérios vêm sendo constantemente revistos e aperfeiçoados, para que a repartição dos direitos entre os numerosos titulares seja - como se espera - cada vez mais justa e abrangente. Nesse sentido, todas as sugestões racionais e críticas construtivas deverão ser consideradas e cuidadosamente analisadas pelos setores competentes do Escritório Central.

Portanto, quando autores e artistas participam de forma civilizada e atuante das assembléias e dos órgãos dirigentes das associações a que pertencem (comparecendo às reuniões, exercendo os direitos de voz e voto) e prestigiam o ECAD, estão contribuindo diretamente para o aprimoramento da proteção, no País, dos direitos de execução pública musical e de fonogramas.

Procedimento diverso, infelizmente ainda tão comum entre nós, representará a prática de uma verdadeira "autofagia autoral", que só poderá beneficiar os usuários inadimplentes.

Lamentavelmente, no Brasil, autores, artistas e empresários culturais continuam se digladiando, com raros momentos de trégua, quando deveriam superar suas divergências e se unir na defesa dos interesses econômicos que lhes são comuns.

Dessa guerra interminável só tiram proveito mesmo os sonegadores de direitos autorais, aos quais interessa o enfraquecimento da parte credora, ou certos políticos mal informados ou de má-fé, em geral mancomunados com determinados segmentos de usuários faltosos, que se utilizam dos compositores e artistas mais humildes e menos esclarecidos como "massa de manobra", com o único e inconfessado propósito de aparecer na mídia.

Um exemplo desse aproveitamento demagógico e irresponsável do prestígio de autores e artistas foi, sem dúvida, a

Comissão Parlamentar de Inquérito instalada na Câmara dos Deputados, nos idos de 1995, conhecida como "CPI do ECAD", para apurar possíveis irregularidades na gestão coletiva dos direitos de execução pública em nosso País.

Integrada, sobretudo, por deputados do chamado "baixo clero", desejosos de ampliar seus espaços na mídia impressa e eletrônica, a referida CPI transformou-se em "palanque", para o qual foram atraídos conhecidos artistas, alguns aparentemente escolhidos a dedo para denegrir a imagem do ECAD e das associações que o integram com acusações genéricas e infundadas, já que não possuíam qualquer conhecimento sobre a trabalhosa e complexa administração dos direitos de execução pública no Brasil e no mundo.

O resultado não poderia ser outro: após meses de trabalhos infrutíferos, com ônus para os cofres públicos, em que sequer foram respeitados os parâmetros estabelecidos no Parágrafo 3º do Artigo 58 da Carta Magna, a mencionada Comissão, comportando-se mais como o arbitrário e prepotente Comitê de Salvação Pública criado pela Revolução Francesa, em 06 de abril de 1973, produziu um Relatório pífio, um mirabolante exercício de "xenofobia especulativa".

CPIs com esse perfil predatório costumam atirar em todas as direções, como metralhadoras giratórias, atingindo indistintamente inocentes e culpados e conduzindo todos, de maneira impiedosa, à vala comum da humilhação. Ademais, delas decorrem, em geral, investigações e apurações incessantes e infamantes, incompatíveis com a ordem jurídica de um estado democrático de direito.

Sobre o desenvolvimento dos trabalhos da CPI de 1995, assim se pronunciou, à época, com desassombro e de forma contundente, Sydney Limeira Sanches:

"A CPI, instaurada na Câmara dos Deputados para apurar irregularidades no ECAD, ocorre num momento em que a estrutura do Escritório sofre profundas transformações, implementadas através de um minucioso processo de reengenharia. Quando o sistema começa a dar certo, acontece essa imprópria investigação. Isso é sintomático e nos faz crer que a iniciativa tenha sido orquestrada por grupos interessados na implosão do sistema, com apoio, inclusive, de congressistas

concessionários de empresas de rádio e televisão. Parece que a CPI do ECAD ainda não se apercebeu disso, valendo-se, inclusive, de procedimentos que fogem à boa técnica legislativa.

O trabalho dos parlamentares integrantes da comissão deveria, inicialmente, apurar as supostas irregularidades da entidade, que, caso existentes, deverão ser encaminhadas aos organismos judiciais competentes, para as respectivas providências. Agora, pré-julgar da forma que a CPI vem fazendo é, no mínimo, leviano e vem depor contra a imagem do próprio Congresso Nacional. O trabalho de uma CPI é apurar fatos com lisura, dignidade, isenção e honestidade. Infringir direitos e garantias individuais garantidos na Carta Magna é o exercício de mais puro arbítrio".

("*in*" artigo publicado no "Jornal do Commercio" de 19 de julho de 1995)

Fernando Brant também foi enfático ao comentar os procedimentos adotados pela "CPI do ECAD" :

"*Sabe-se que uma centena de congressistas federais são proprietários de emissoras de rádio e televisão. Que moral têm os devedores caloteiros para investigar o credor? O que está por trás desta avalanche difamatória que pretende destruir o Escritório Central de Arrecadação e Distribuição? Por que mentem e dizem que Roberto Carlos só recebeu R$ 4.000,00 (quatro mil reais) em 94 ou que os autores de "Travessia, "Garota de Ipanema" e outros não recebem seus direitos no ECAD? Em meio a tantos problemas nacionais, por que fazer uma CPI para uma empresa que nada tem a ver com o dinheiro público? Desconfio de quem fala mal do ECAD: ou tem interesse escuso ou ignora o que realmente acontece no direito autoral no país.*"

(*in* artigo publicado no "Jornal do Brasil" de 21 de junho de 1995, sob o título "*Desconfio de quem fala mal do ECAD*")

No mesmo sentido, matéria publicada no jornal "*O Popular*", de Goiânia, de 05 de julho de 1995, denunciava a participação de representantes de usuários inadimplentes na "CPI do ECAD".

Em manifesto denominado "*Carta da Bahia*", firmado por artistas, gravadoras e produtores independentes (todos insuspeitos, portanto), reunidos no 1º ENGAI (Encontro

Nacional de Gravadoras e Artistas Independentes), em dezembro de 1995, repudiou-se a referida CPI *"pelas arbitrariedades e violências por ela cometidas contra a classe musical brasileira"* e, ainda, qualificando-se-a como *"A CPI DO DEVEDOR CONTRA O CREDOR E DO DESRESPEITO AO AUTOR BRASILEIRO"*. O documento é assinado, dentre muitos outros, por festejadas figuras do mundo musical brasileiro, como são os casos de Paulo César Pinheiro, Fernando Brant, Ronaldo Bastos, José Carlos Costa Netto (compositor e ex-presidente do extinto CNDA - Conselho Nacional de Direito Autoral), Capinan, Walter Queiroz e Rodolfo Stroeter.

Matéria publicada na revista *"Veja"*, de 1º de novembro de 1995, demonstrou a existência no País de uma verdadeira *"Rede Política de Televisão"*, na medida em que dos 594 parlamentares, nada menos do que 130 tinham uma concessão de rádio ou TV, ou uma combinação das duas.

Reproduzo, a seguir, um pequeno trecho do meu discurso de posse como membro do IAB - Instituto dos Advogados Brasileiros, proferido em 16 de outubro de 1996, sobre o comportamento abusivo e arbitrário de algumas CPIs instaladas no Congresso Nacional:

"Criadas para investigar, de forma isenta e serena, a existência de irregularidades específicas, são tais CPIs, muitas vezes, constituídas com propósitos demagógicos e eleitoreiros. No melhor estilo dos tribunais revolucionários, já nascem, em certos casos, para atender a um jogo de cartas marcadas, dispostas a "fabricar" culpados, mesmo que culpados não existam. Sem o menor critério, partindo de acusações genéricas, imprecisas e infundadas, prejulgam sumariamente pessoas e fatos, violam o sagrado princípio do contraditório, invadem a competência do Poder Judiciário, a ponto de desafiar suas invioláveis decisões, vasculham a vida dos inocentes, levando homens de bem à desgraça, como se a nossa dignidade fosse um artigo descartável, de segunda classe e supérfluo. Alguns políticos, em geral os mais medíocres, costumam esbanjar arrogância nos plenários das CPIs, sob o manto da cada vez mais contestada imunidade parlamentar, o que denigre a imagem do Congresso Nacional, cuja intangibilidade, como instituição, é essencial a qualquer sistema democrático."

Tomo a liberdade de recomendar a todos aqueles, advogados ou não, que tenham um mínimo de compromisso com o Direito e com a Justiça, a leitura atenta da coletânea intitulada "CPI - Os Novos Comitês de Salvação Pública", coordenada por Antonio Carlos Barandier e publicada pela Editora "*Lumen Iuris*". Trata-se de um repto e de um brado de alerta contra o arbítrio que vem sorrateiramente minando e corroendo as estruturas das instituições democráticas em nosso País.

Destacamos os seguintes trechos do excelente artigo intitulado "A CPI: Estado de Direito ou Direito sem Fronteiras do Estado", publicado na referida coletânea, de autoria de David Teixeira de Azevedo, denunciando a arbitrária atuação, que testemunhou, da "CPI do ECAD", de 1995:

"... desde os começos da CPI, aproximaram-se ameaçadoramente os nimbos da prisão de depoentes durante a oitiva perante a Comissão, prisão prometida pelos parlamentares que compunham o quadro de investigadores, numa espetacular sensação, à mídia, de seu desempenho na defesa, suposta, dos direitos dos artistas : cantores, intérpretes, instrumentistas."

....

"É difícil divisar maior violência ao direito de defesa e às prerrogativas profissionais que essa praticada pelos homens da deputação em 1995 e que vem se tornando regra na atividade parlamentar da CPI, sôfrega por aprovação popular e por isso sensacionalista, sempre aberta e de muito favor para os meios de comunicação.

O clima das CPIs faz lembrar a triste e angustiante atmosfera das Auditorias Militares nos hiatos democráticos da repressão, em cujo ambiente o constrangimento ao direito de defesa, quase nulificado, comprometia as garantias do imputado e as prerrogativas dos defensores em geral."

....

"No caso da "CPI do ECAD" houve clara violência ao status dignitatis et libertatis de seu presidente e de todos que compareceram perante a Comissão para depor."

(*in* "CPI - Os Novos Comitês de Salvação Pública", coletânea coordenada por Antonio Carlos Barandier - Ed. Lúmen Iuris - Rio de Janeiro - 2001 - págs. 44, 53, 54 e 56)

Confesso que me encontro em fase de depressão cívica. Verifico, amargurado, que a demagogia, a mediocridade e a hipocrisia estão lentamente minando as bases do nosso relacionamento social em todos os níveis, o que poderá determinar, mais rapidamente do que se imagina, a reabertura do caminho para a indesejável retomada entre nós do autoritarismo e de outras desaçaimadas práticas ditatoriais.

Quando alguns princípios basilares do estado de direito, como o do contraditório e o da reserva legal, são constantemente afrontados pelos Poderes da República, corre-se o risco de falência das legítimas instituições democráticas. Está se pondo em prática hoje no Brasil uma forma condenável de "neo-macarthismo difuso", a serviço dos mais torpes interesses políticos e econômicos.

Aqueles que ainda não se deram conta do risco e continuam achando tudo isso muito "engraçadinho", deveriam refletir um pouco melhor, pois poderão ser as próximas vítimas dessas crescentes iniqüidades.

Não é por acaso, também, que constatamos a preocupante incidência de projetos de lei (PLs), de propostas de emenda à Constituição Federal (PECs) e de ações diretas de inconstitucionalidade (ADINs) que ameaçam, a cada dia, a sólida estrutura legislativa de proteção aos direitos intelectuais no Brasil, sobretudo os preceitos da Lei nº 9.610, de 1998.

O excesso de PECs se reflete em dados espantosos: a Constituição Federal vigente, promulgada em 1988, ou seja, há menos de 20 anos, já sofreu nada mais nada menos do que 52 emendas (até maio de 2006 ...), número bem superior ao das 27 emendas já aprovadas em relação à Constituição norte-americana, promulgada há mais de 230 anos! É bem verdade que a nossa "sofrida" Carta Magna já nasceu como uma "colcha de retalhos", mas nada justifica que tantos novos adereços sejam compulsivamente agregados ao texto constitucional, para descaracterizá-lo ainda mais.

Irresponsabilidade, ignorância e má-fé são os três poderosos nutrientes que, em geral, alimentam essas "aventuras legislativas" de alguns parlamentares, estimulados por determinadas categorias de usuários.

É, pois, fundamental que o ECAD, as associações que o integram e os próprios titulares de direitos autorais permaneçam em estado de alerta para identificar, denunciar e repelir determinadas bravatas legislativas e judiciais que, além de debilitarem a cobrança dos proventos decorrentes da execução pública musical e de fonogramas, ainda contribuem para macular a boa imagem do Brasil no exterior, especialmente diante dos olhos sempre atentos da poderosa CISAC - Confederação Internacional das Sociedades de Autores e Compositores.

Na verdade, os mentores dessas medidas tão inconseqüentes e irresponsáveis pretendem um pouco de tudo: extinguir o ECAD, substituindo-o por "ecadinhos" regionais, espalhados pelo Brasil, o que representaria uma desastrada involução histórica, com o fim da cobrança unificada e centralizada dos direitos de execução pública; isentar órgãos públicos que se utilizam de música (e que, como órgãos públicos, deveriam dar o bom exemplo do respeito à propriedade intelectual) do pagamento de direitos autorais; isentar emissoras de rádio (AM e FM) de qualquer pagamento de direitos autorais, como incentivo (pasmem!) à divulgação de CDs e outros lançamentos fonográficos etc.

O fenômeno, contudo, não é tão difícil de ser entendido e explicado. Como é público e notório, algumas dezenas de parlamentares são beneficiários, diretos ou indiretos, de concessões do Poder Público para a exploração de emissoras de rádio no País. Algumas dessas emissoras devem, no somatório, milhões de reais a título de direitos autorais de execução pública. Claro está que o fortalecimento do ECAD, que é o órgão responsável pela cobrança desses direitos em todo o País, não deve interessar a esses contumazes devedores.

Alentadora vem sendo a atuação do Supremo Tribunal Federal ao repelir, com veemência, as estocadas daqueles que, por demagogia ou outros interesses espúrios, insistem em desafiar a lógica e o bom-senso no complexo campo do exercício dos direitos intelectuais na área musical.

Nesse sentido, cumpre destacar a primorosa ementa do Acórdão do STF que indeferiu, por unanimidade, a medida cautelar requerida na ADIN nº 2.054-4 (sendo relator o ministro Ilmar Galvão), oriunda do Distrito Federal, proposta pelo Partido Social Trabalhista (PST), sob as infundadas alegações de que o ECAD monopoliza a cobrança dos direitos de execução pública musical no País e representa uma afronta ao direito de livre associação.

Invocava o PST a pretensa inconstitucionalidade do Artigo 99 e seu Parágrafo Primeiro da Lei nº 9.610, de 1998 (que versa sobre a existência e manutenção do ECAD).

Diz a ementa, com muita propriedade, sobre o Escritório Central:

"Ente que não se dedica à exploração de atividade econômica, não podendo, por isso, representar ameaça de dominação dos mercados, de eliminação de concorrência e de aumento arbitrário de lucros, práticas vedadas pelo último dispositivo constitucional sob enfoque (Art. 173 da Constituição Federal, permitimo-nos acrescentar).

De outra parte, a experiência demonstrou representar ele instrumento imprescindível à proteção dos direitos autorais, preconizada no inciso XXVIII e mais alíneas a e b do Art. 5º da Constituição, garantia que, no caso, tem preferência sobre o princípio da livre associação (incs. XVII e XX do mesmo artigo) apontado como ofendido."

Merece ser reproduzida, também, a passagem final do objetivo voto preferido pelo ministro Nelson Jobim, na ADIN acima citada, acompanhando o voto do ministro relator pelo indeferimento da medida cautelar e desmascarando as reais intenções do PST:

"Ou seja, na verdade, o objetivo final dessa demanda é não cobrar direitos autorais. É a liberdade de não pagar.

Com essas observações e identificando o objetivo último da demanda que está oculto, tendo em vista o conjunto dos artigos atacados, acompanho o Relator."

Rechaçada foi, ainda, pela Corte Suprema, a ADIN envolvendo o mesmo Art. 99 da Lei nº 9.610, de 1998, proposta pela Confederação Nacional do Comércio - CNC, que reúne em seus quadros algumas empresas usuárias e devedoras de direitos autorais de execução pública.

Em acórdão unânime, o Pretório Excelso deixou de conhecer do pedido, por ausência da indispensável pertinência temática que, no caso, constitui uma das condições da ação, conforme entendimento assentado pelo próprio Supremo Tribunal Federal.

Transcrevemos, a seguir, o contundente voto do ministro Sepúlveda Pertence ao julgar a aludida ADIN:

"Sr. Presidente, a princípio, pareceu-nos razoável a alegação da pertinência. Mas efetivamente me convenci de que à autora, a Confederação Nacional do Comércio, é indiferente quem vá arrecadar direitos autorais devidos. A não ser que o ECAD seja um sistema muito eficiente de arrecadação, que só por isso se queira afastar. Concluo pela impertinência temática e acompanho o Relator."

No que concerne aos muitos projetos de lei lesivos aos titulares de direitos intelectuais, há de se ressaltar a atuação da Comissão de Constituição, Justiça e Redação da Câmara dos Deputados, que em geral vem proferindo pareceres contrários a tais proposições absurdas, inclusive com fundamento nas precisas decisões do Supremo Tribunal Federal.

Cumpre assinalar que, historicamente, a jurisprudência de nossos Tribunais sempre representou uma importante fonte da moderna legislação brasileira de proteção aos direitos intelectuais.

Nesse sentido, merece destaque o decisivo papel desempenhado pelas sociedades autorais existentes no País, através de seus advogados, especialmente pelas mais antigas e tradicionais, como a SBAT (Sociedade Brasileira de Autores Teatrais), UBC (União Brasileira de Compositores), SBACEM (Sociedade Brasileira de Autores, Compositores e Editores Musicais) e a SADEMBRA (Sociedade Arrecadadora de Direitos de Execução Musical do Brasil).

Em meados da década de 1960, as referidas entidades constituíram, para racionalizar e dinamizar suas atividades, um "bureau" comum de cobrança, o SDDA - Serviço de Defesa de Direito Autoral.

O SDDA, que se extinguiu com a criação do ECAD, prestou relevantes serviços à defesa da propriedade intelectual no País, graças, em grande parte, à atuação segura de seus advogados.

Exemplares da excelente revista do SDDA, sempre recheada de valiosos conhecimentos, experiências e informações, eram regularmente distribuídos, de norte a sul do Brasil, a magistrados, parlamentares e autoridades do Poder Executivo, contribuindo, assim, para o constante aprimoramento de leis, decisões judiciais, decretos e medidas administrativas envolvendo os direitos autorais, sobretudo no vasto campo da execução pública musical.

Por isso, considero no mínimo paradoxal a reação negativa de alguns autores e artistas, por certo pouco esclarecidos ou preconceituosos, à presença de advogados na gestão e na defesa da propriedade imaterial, especialmente no campo da execução pública de obras musicais, lítero-musicais e de fonogramas.

Afinal de contas, o "direito autoral", como o próprio nome já diz, é, antes de tudo, um "DIREITO", e o profissional que, por vocação e formação, milita no campo do "DIREITO" é justamente o advogado. Proteção ao direito autoral sem a atuação de advogados pode ser comparada ao combate a uma enfermidade grave sem a orientação de um médico, atribuindo-se toda a responsabilidade pelo tratamento e cura da doença ao próprio paciente...

Outro teimoso entrave ao exercício dos direitos de execução pública consiste na resistência à cobrança pelo uso da chamada *"Música Ambiente"* nos locais de freqüência coletiva relacionados, exemplificativamente, no Parágrafo 3º do Art. 68 da Lei nº 9.610, de 1998 (bares, clubes recreativos ou associações de qualquer natureza, lojas, estabelecimentos comerciais e industriais, estádios, feiras, restaurantes, hotéis, motéis, clínicas, hospitais, órgãos públicos da administração direta ou indireta, fundacionais e estatais, meios de transportes de passageiros terrestre, marítimo, fluvial ou aéreo etc).

A melhor doutrina, as legislações dos países mais evoluídos, inclusive a nossa, e a jurisprudência amplamente dominante consagram o princípio do chamado "lucro indireto". Reconhecem que a sonorização ambiental adequada de fábricas, lojas, escritórios, consultórios etc, ainda que não corresponda à atividade fim da empresa, atrai, entretém e agrada a seus empregados, clientes e demais freqüentadores, proporcionando-lhe indiscutíveis benefícios de natureza econômica, como o aumento da produtividade e, por conseqüência, dos lucros. Atualmente, contudo, esse aspecto deixou de ser essencial, pois, mesmo que não configure o intuito de lucro, direto ou indireto, a execução de obras musicais, lítero-musicais ou de fonogramas em nosso País dependerá sempre da prévia autorização do ECAD, a menos que ocorra no recesso familiar, ou se destine a fins exclusivamente didáticos, nos estabelecimentos de ensino. Interpretação diversa não se pode extrair do disposto no Inciso VI, do Art. 46 da Lei nº 9.610, de 1998.

Sobre o chamado "lucro indireto", é bastante eloqüente o exemplo dos hotéis que oferecem música ambiente aos seus hóspedes.

Um hotel é classificado por estrelas, de um a cinco. Em geral, um hotel de cinco estrelas, de alta categoria, portanto, é aquele que proporciona diversificados serviços aos seus freqüentadores, além daqueles que constituem, em sentido estrito, a atividade fim de qualquer hotel.

O que se espera encontrar em um hotel de cinco estrelas, além, é óbvio, de um quarto confortável com banheiro privativo, com boa cama, ar condicionado, frigobar, rádio e televisão, ducha, banheiras com hidromassagem, secadores de cabelo, produtos de higiene e beleza etc, é um bom restaurante, bar, sauna, piscina, quadras para a prática de esportes, salão de jogos, salas para conferências, auditório para congressos e seminários, música ambiente nas áreas de circulação etc.

Pois bem: se um hóspede entrar e sair sem usufruir de qualquer desses confortos, vantagens e serviços, nem por isso deixará de pagar a diária integral por haver se hospedado em um hotel de cinco estrelas. Não usufruiu simplesmente porque não quis, pois todos esses confortos e serviços estavam à sua disposição, inclusive a possibilidade de escutar uma boa música, tanto no quarto, como nas demais dependências. Por que, então, deixará o hotel de pagar os direitos autorais de execução pública, se o "produto" música, usufruído ou não, já está embutido na diária a ser paga pelos hóspedes, além, naturalmente, de atrair uma clientela maior e mais categorizada? Ou será que o hotel deixará de pagar, por exemplo, pelas bebidas estocadas em suas adegas e refrigeradores, pelo simples fato de que deixaram de ser efetivamente consumidas pelos hóspedes? Claro que a resposta é não.

Será sempre aconselhável e prudente que os preços pelo uso dos direitos autorais de execução pública sejam fixados em bases realistas, com equilíbrio e bom-senso, tomando em consideração alguns fatores objetivos como, por exemplo, a importância da mercadoria "música" para o usuário e sua potencialidade econômica.

Nessa trilha, é evidente, por exemplo, que se deve cobrar bem menos de um odontólogo, que executa música ambiente em seu gabinete dentário para atrair e entreter a clientela, do que se cobra de uma poderosa emissora de rádio FM, que tem na música o seu principal produto e no "tocar música" a sua atividade fim.

Não que o dentista deva ficar isento do pagamento dos direitos de execução pública. Longe disso. Além de o gabinete dentário não corresponder ao recesso do lar, o que já seria suficiente para afastar qualquer idéia de isenção, a finalidade de lucro indireto está evidente nessa modalidade de música ambiental. Costumo sempre fazer a seguinte pergunta: o que preferirá o cliente - submeter-se ao tratamento na cadeira do dentista escutando uma boa, suave e repousante melodia, ou apenas o ruído do motor e o tilintar dos instrumentos cirúrgicos utilizados pelo odontólogo? Não precisará se pesquisar muito para concluir que pelo menos 99,9% das pessoas certamente optarão pela primeira alternativa.

Infelizmente, alguns grandes usuários, como determinadas emissoras de rádio e televisão, ainda participam do bolo da arrecadação com valores aquém de seu potencial econômico; mais lamentável, contudo, é a situação dos exibidores cinematográficos, que sonegam há cerca de duas décadas os direitos de execução pública, contribuindo hoje com menos de 1% da receita do ECAD.

Através de ações judiciais e da celebração de acordos com usuários inadimplentes, o ECAD vem procurando corrigir, com relativo sucesso, essas incômodas distorções, que comprometem o procedimento de arrecadação dos direitos autorais de execução pública musical no País. Tanto que no ano de 2005 o montante total dessa arrecadação superou, pela primeira vez na história, a casa dos US$ 100.000.000 (cem milhões de dólares), marca das mais apreciáveis, mesmo se comparada à de vários países desenvolvidos, com larga tradição na cobrança de direitos autorais dessa natureza.

A PROPRIEDADE INTELECTUAL DIANTE DOS CHAMADOS "DIREITOS DIFUSOS"

Os direitos intelectuais, por vezes, se contrapõem a alguns interesses coletivos que talvez possam ser definidos como "direitos difusos".

Seriam, por exemplo, os direitos, em sentido lato, mais interesses do que direitos, de grupos sociais sobre as manifestações folclóricas que deles emergem.

Mais uma vez valemo-nos dos modernos ensinamentos de Eliane Y. Abrão, que leciona:

"Obras de folclore são manifestações de cultura tradicional e popular definidas na Recomendação Sobre a Salvaguarda da Cultura Tradicional e Popular aprovada pela Conferência Geral da UNESCO, em Paris, em 15 de novembro de 1989, como o conjunto de criações que emanam de uma comunidade cultural fundadas na tradição, expressadas por um grupo ou por indivíduos e que reconhecidamente correspondem às expectativas da comunidade enquanto expressão de sua identidade cultural e social; as normas e os valores são transmitidos oralmente, por imitação ou de outras maneiras. Suas formas compreendem, entre outras, a língua, a literatura, a música, a dança, os jogos, a mitologia, os ritos, os costumes, o artesanato, a arquitetura, e outras artes.

Tecnicamente, as expressões ou manifestações culturais e étnicas de um povo ou de uma coletividade não haveriam de apresentar interesse na área autoral, posto que todas pertencem ao domínio público. Entretanto, a Organização Mundial de Propriedade Intelectual - OMPI - reservou boa parte de suas atividades à promoção de reuniões, estudos e seminários destinados a promover a sensibilização, o estudo e a divulgação dos temas sobre conhecimentos tradi-

cionais, sobre o folclore e o artesanato." (*in* obra citada - pág. 123)

No Brasil, as obras e manifestações folclóricas, embora pertençam ao domínio público, são consideradas bens culturais de natureza imaterial, integram o patrimônio cultural brasileiro e estão sujeitas a registro para sua preservação, nos termos do Decreto Presidencial nº 3.551, de 4 de agosto de 2000.

Outro relevante direito intelectual coletivo difuso diz respeito à "biodiversidade".

Louvar-nos-emos, a seguir, em alguns valiosos conceitos enunciados sobre o assunto por Eliana Calmon, em seu excelente e instigante trabalho denominado *"Direitos de Quarta Geração. Biodiversidade e Biopirataria"* (publicado na Revista da Academia Paulista de Magistrados - Ano II - Vol. 2 - Dezembro de 2002).

O Direito ou Interesse Intelectual Coletivo é consubstanciado em um conjunto de normas que visam a proteger o conhecimento tradicional e inovações não alcançadas pelo sistema dos direitos de propriedade intelectual, ou, ainda, visam a proteger a cultura e a incentivar o seu resgate, evitando que seja dilapidada pela exploração inconseqüente.

A biodiversidade, como variedade de formas de vida existentes no planeta, vem provocando vários debates, haja vista que se tornou possível alterar não somente a constituição do ser vivo, mas também o equilíbrio ecológico.

Um ponto preocupante diz respeito à falta de conhecimento da elite brasileira no que se refere à importância da biodiversidade no mundo moderno, que está umbilicalmente ligada à questão da propriedade intelectual, mais especificamente à propriedade industrial.

A biodiversidade pode ser identificada como sendo a variação do patrimônio genético, compreendendo-se, nesse universo, toda a capacidade de existência viva e de perpetuação de espécies.

Constatam os especialistas que, enquanto as ciências bacteriológicas evoluem em progressão geométrica, verifica-se no planeta uma galopante escassez de matéria-prima para atender a essas atividades, escassez esta que tem levado os países mais ricos em biota ou bioma (conjunto de flora e fauna de uma região) e que são paradoxalmente mais pobres sob o aspecto econômico a sofrerem o assédio das indústrias internacionais, sequiosas de bens que lhes garantam a continuidade de um rico filão em divisas patenteadas. Daí a necessidade de chamar-se a atenção para a importância do que se denomina "biopirataria", consubstanciada na exploração indevida e/ou clandestina da fauna e da flora, sem que se efetue qualquer pagamento da matéria-prima. É, em outras palavras, a usurpação de um conhecimento sem o pagamento respectivo.

A "biopirataria" é a forma moderna pela qual o mundo do final do século XX e deste início de século XXI dá prosseguimento à história de lutas coloniais pela usurpação e exploração das riquezas nativas.

Ademais, a "biopirataria" (ou o "biocolonialismo") representa a continuidade da saga das grandes explorações, patrocinadas principalmente por Portugal, Espanha e Inglaterra, e da política de colonialismo agrícola das nações européias.

O contrabando de mudas de seringueira do Brasil para o sudoeste da Ásia deu à Inglaterra a vantagem no comércio mundial da borracha, provocando o desastre econômico da Amazônia. Os caçadores de plantas estão hoje sendo substituídos por exploradores de genes. Os mercados globais, em mudança histórica, passaram a substituir a utilização de combustíveis fósseis e de metais raros pelos recursos genéticos e biológicos. As indústrias farmacêuticas, cosméticas e de alimentos, dentre outras, contrabandeiam os conhecimentos dos povos nativos, acrescentam alguma modificação na composição genética das plantas e intitulam de descoberta científica a manipulação de tais recursos, ou sabedoria primitiva, angariando, após patenteamento, grandes lucros.

Para se ter uma idéia do rico filão, basta lembrar que três quartas partes de todas as drogas utilizadas pela indústria farmacêutica derivam de plantas que eram utilizadas na medicina indígena. O curare, por exemplo, era usado pelos índios amazônicos para paralisar a caça e hoje funciona como anestésico cirúrgico. A neem, árvore simbólica da Índia, chamada de árvore abençoada pelo poder de cura, produz um antibactericida natural, que hoje é industrializado pela W. R. GRACE, que o patenteou, em detrimento de pesquisadores e empresas indianas que, há séculos, utilizavam-se de sua árvore símbolo.

Em 1993, a LUCKY BIOTECH CORPORATION, empresa coreana do setor farmacêutico, e a Universidade da Califórnia conseguiram patente internacional para um adoçante de baixa caloria e que é cem mil vezes mais doce que o açúcar. É identificada como a mais doce substância do planeta. A "descoberta" renderá milhões em lucros, mas os verdadeiros descobridores da taumatina nada receberão. A taumatina, tradicional planta da África Ocidental, vem sendo usada de longa data pelos nativos da região como adoçante alimentar.

Reproduziremos, a seguir, parte de eloqüente matéria assinada por Isabel Clemente, sob o título *"Nem suor de sapo campu escapa à biopirataria"* e subtítulo *"Brasil perde bilhões por ano em recursos genéticos patenteados no exterior"*, publicada na página A6 do "Jornal do Brasil" de 06 de julho de 2003:

"Uma pirataria silenciosa, que passa longe da venda de cópias baratas de CDs e programas de computador nas ruas das grandes cidades, gera bilhões de reais de prejuízo anual para o Brasil. Trata-se da biopirataria, um verdadeiro êxodo do patrimônio genético próprio da fauna e da flora do país para laboratórios de multinacionais mundo afora.

Esse fluxo não é nada desprezível. Depois do açaí, cuja patente caiu nas mãos de uma empresa japonesa, e do urucum, a frutinha usada pelos índios para cobrir o corpo de vermelho e afugentar o frio, que foi parar com franceses, até o suor do sapo campu, espécie da Amazônia usada em pesquisas de combate ao câncer, virou alvo de polêmica. A deputada federal e advogada Ann Pontes (PMDB-PA) tentou sensibilizar seu colegas na Câmara para o assunto. Alertou que o suor do sapo, não se sabe como, foi parar no exterior, conforme denúncia do Diário do Pará.

- Fato é que muitos recursos genéticos estão saindo do país de forma ilegal. Há dois anos, foi feito um amplo levantamento do problema que poderia até ser alvo de uma CPI, mas que não andou - diz.

O governo brasileiro está recorrendo no caso do açaí, do contrário a fruta não poderá ser vendida com esse nome no exterior sem o pagamento de royalties aos japoneses da Assahi Foods.

Caso clássico de biopirataria é o do princípio ativo de combate à hipertensão, o captopril, achado no veneno da jararaca. O brasileiro autor da descoberta na década de 60 não ganhou um centavo. O mérito ficou para a multinacional que ganhou mais de US$ 5 bilhões por ano com a patente do medicamento, já vencida, lembra a assessora jurídica do Ministério da Ciência e Tecnologia (MCT), Lídia Miranda Amaral.

Na semana passada, em audiência pública da CPI da Pirataria, o Secretário do Meio Ambiente e Desenvolvimento Sustentável do Amazonas, Virgílio Maurício Vianna, propôs que a investigação não se esqueça do conhecimento de povos indígenas que vai parar lá fora.

Para a assessora do MCT, falta no país apoio institucional à comunidade científica para facilitar o registro de patentes, hoje longo e caro, sobretudo o acompanhamento no exterior. O Instituto Nacional de Propriedade Industrial (INPI) conta com um pouco mais de 80 técnicos, contra 4 mil da instituição americana equivalente, compara Lídia. "Perdemos uns bons bilhões por ano", diz."

O certo é que instituições internacionais e empresas privadas têm oferecido uma série de proposições e planos para partilhar os lucros oriundos de novas patentes, baseadas no conhecimento primitivo dos povos incultos.

Segundo Eliana Calmon, tais proposições internacionais para proteger a biodiversidade e frear a "*pirataria*" apresentam três ordens de idéias: partilha dos lucros oriundos das patentes baseadas no conhecimento primitivo de povos incultos; pagamento de "*royalties*" a esses povos; e impossibilidade de venda ou negociação do conhecimento científico que possa influenciar na genética.

A matéria é complexa e polêmica, razão por que as interessantes considerações e conclusões de Eliana Calmon deverão merecer de todos nós, mais do que uma leitura atenta, muita reflexão.

CONCLUSÃO

"*O direito autoral está virando mercadoria, o direito autoral está virando dinheiro*". Essa palavras, objetivas e realistas, foram enunciadas por Bruno Maldonado Thompson, em tom de natural desabafo, em uma de suas oportunas intervenções durante a realização do I Ciclo de Debates de Direito do Autor, "*De Gutemberg a Bill Gates*", realizado no plenário do IAB - Instituto dos Advogados Brasileiros, no Rio de Janeiro, por iniciativa da Comissão Permanente de Direito de Propriedade Intelectual da referida Entidade, no curso do mês de setembro de 2003.

Em todo o mundo a produção de manufaturados está sendo gradativamente terceirizada, geralmente em busca de mão-de-obra mais barata, como a chinesa.

Ao mesmo tempo, verifica-se a crescente valorização do patrimônio intelectual agregado aos bens materiais industrializados.

Dificilmente a marca COCA-COLA valerá, nos dias de hoje, menos do que o imenso ativo físico da poderosa empresa norte-americana.

Determinadas marcas notórias de comércio e algumas patentes de invenção por certo têm, atualmente, uma expressão econômica superior, dependendo da região, ao território de muitos países.

Quando eu nasci, há 60 anos, o mundo tinha pouco mais de um bilhão e meio de habitante. Hoje tem mais de 6 bilhões, ou seja, a população mundial quadruplicou em pouco mais de meio século.

Com o acentuado êxodo rural e a crescente concentração nos grandes centros urbanos, o mundo está ficando cada vez menor para tanta gente. A expressão "aldeia global" não nasceu por acaso.

O poderoso de outrora era o senhor feudal, o dono da gleba. A terra era a maior expressão do poder.

Hoje em dia vale mais quem detém a propriedade de um luxuoso apartamento na Avenida Vieira Souto, em Ipanema. Ou seja, a prova atual de "status" social muitas vezes se resume ao domínio sobre uma fração ideal de um dez avos (se considerarmos um edifício padrão de dez andares) de um pequeno terreno arenoso na orla marítima nobre da Zona Sul do Rio de Janeiro...

Mas se o mundo está se tornando pequeno para acolher tanta gente e tantos bens físicos, nunca faltará espaço, é óbvio, para a propriedade imaterial. Afinal de contas, as criações intelectuais, como bens etéreos, não costumam fazer volume (...) e podem ser reproduzidas e armazenadas em suportes materiais cada vez mais diminutos.

Não tenho a menor dúvida de que os direitos intelectuais despertam hoje, mais do que nunca, a atenção e a cobiça da comunidade internacional, ocupando papel de destaque no contexto da OMC, muito mais pelas vultosas somas de dinheiro que movimentam do que pelo seu charmoso conteúdo personalíssimo, ou por sua inegável importância artística, científica e cultural.

Os recursos financeiros gerados atualmente nos Estados Unidos pela indústria do "*copyright*" só são superados por aqueles decorrentes da indústria do petróleo e do comércio de armas.

Destarte, a constatação de Bruno Thompson está correta. Seria no mínimo ingênuo aceitarmos a existência de um direito absoluto, de natureza patrimonial, em uma sociedade capitalista, em pleno limiar do terceiro milênio.

Afinal, os direitos autorais de cunho patrimonial também estão sujeitos às limitações constitucionalmente impostas pelo Inciso XXIII do Art. 5º da Carta Magna em favor da garantia de um bem ou interesse comum, qual seja, a função social da propriedade, preceito que se repete do Inciso III do art. 170 de nossa Lei Maior, que disciplina a ordem econômica.

Mas nada justificará o paulatino enfraquecimento e muito menos a eliminação de prerrogativas duramente conquistadas ao longo dos anos por autores, artistas e empresários culturais no campo dos direitos intelectuais.

Diria que o melhor caminho está na harmonização e na adequação dos sistemas, como já ocorre na atual Lei brasileira de regência (Lei nº 9.610, de 1998), sem a submissão dos preceitos clássicos do "*droit d´auteur*" aos modernos conceitos do "*copyright*".

Concluímos esse breve estudo asseverando que, assim como é justo e legítimo que um agricultor seja bem remunerado pelo uso dos bens que produz para alimentar o nosso corpo, é igualmente justo e legítimo que um criador intelectual seja dignamente aquinhoado pelo uso dos bens que produz para alimentar o nosso espírito. Mas tanto aquele como este deverão, inclusive porque vivemos em uma economia de mercado, atentar sempre, ao estabelecer seus preços, para as condições sociais e econômicas da coletividade a que pertencem os consumidores e os usuários de tais bens. É o que recomenda o equilíbrio e o bom-senso. Eis aí o princípio básico da convivência harmônica entre o interesse intelectual coletivo e a propriedade intelectual.

Capítulo III
___

Os Direitos Conexos

Antes de merecer a tutela legal, qualquer direito precisa ser reconhecido como tal.

Portanto, antes de qualquer estudo sobre o comportamento legislativo em face dos chamados direitos conexos, devemos nos dar ao trabalho de identificá-los, e, mais, ainda, de vislumbrar a sua origem e definir-lhes a natureza e as peculiaridades.

Os direitos conexos, também conhecidos como vizinhos ou análogos (aos direitos de autor), decorrem de uma realidade sócio-econômica gerada pela evolução tecnológica, que transformou a execução efêmera da obra musical, outrora desaparecida tão logo dado o último acorde, em coisa - res duradoura, através da fixação sonora ou audiovisual, ou seja, eternizando-a no tempo, ou, ainda, projetando-a pelo espaço, dando-lhe, enfim, nova dimensão nas distâncias e às audiências às quais se dirige

Três são os titulares de direitos conexos: o artista, sobre sua interpretação ou execução; o produtor de fonogramas, sobre sua produção sonora; e o organismo de radiodifusão, sobre suas emissões.

Como costuma salientar João Carlos Müller Chaves, ao abordar o tema em suas palestras, não são os autores os únicos fatores da criação intelectual. Algumas obras não chegam ao público senão através de intermediários, que tornam a obra perceptível pelo público.

Fácil é perceber a interdependência existente entre esses titulares, além de seu relacionamento com a obra autoral originária, que serve de ponto de partida para todo este complexo.

No que tange aos artistas, é inegável que o intérprete aporta algo à obra, mas até a segunda metade do Século XIX, quando surgiram as revolucionárias técnicas de fonografia e de cinematografia, os intérpretes não tinham a possibilidade de fixar seus aportes, que se perdiam tão logo realizados. Foi justamente através da fonografia e da cinematografia que o esforço criativo dos artistas tornou-se passível de fixação e de reprodução, o que veio a permitir que as interpretações e execuções passassem a ser comunicadas ao público, independentemente da presença física dos respectivos intérpretes, através de discos e filmes.

Diante dessa nova realidade, surgiu um movimento em favor do reconhecimento de direitos para os intérpretes, extensivos àqueles que realizavam a fixação de suas interpretações, ou seja, os produtores fonográficos e cinematográficos, aos quais se atribuiriam direitos pela mesma razão por que se atribuem direitos originários aos organizadores de obras coletivas.

Embora seja antiga a consciência do valor intrínseco das interpretações e execuções artísticas, apenas no Século XX tomou corpo nas leis, de um modo mais ou menos definido.

Assim é que à Lei alemã de 1901 seguiu-se a Lei húngara de 1921, e a esta as Leis suíça de 1922, britânica de 1925, portuguesa e finlandesa, ambas de 1927, até chegarmos à legislação italiana, datada de 1941, que terminou por disciplinar a matéria de forma metódica.

No plano latino-americano, merecem referências o Código Civil mexicano, que, em seus artigos 1.183 e 1.191, reconheceu direito autoral em favor dos executantes, medida elogiada à época pelo seu indiscutível desassombro; a Lei argentina, editada em 1933, e a Lei colombiana de 1946, que igualmente traziam, em seu bojo, a proteção aos direitos dos artistas, intérpretes e executantes, e mesmo aos direitos dos produtores de fonogramas.

As legislações nacionais anteriormente citadas mereceram especial destaque por sua importância histórica na implantação dos direitos conexos, mas, com o passar do tempo, novos diplomas, mais modernos e atualizados, surgiram para disciplinar a matéria nos mais diversos países, inclusive naqueles já apontados.

Apesar da reação das tradicionais sociedades de autores, temerosas com a possibilidade de dividir o "bolo", no campo da execução pública, com novos titulares, a questão já fora debatida até mesmo pela União de Berna. Assim é que, primeiramente na Revisão de Roma, de 1928, e, depois, na de Bruxelas, de 1948, o assunto foi abordado e discutido, tanto que na segunda Revisão citada foi emitido um parecer que recomendava aos países signatários da Convenção de Berna conceder uma proteção específica aos produtores de fonogramas.

Nos países de cultura anglo-saxônica, o problema inexistia, pois, na medida em que o direito de autor era (e continua sendo) tratado como um *"copyright"* não havia qualquer melindre em conferi-lo originariamente também a uma pessoa jurídica, como normalmente o é um produtor de fonogramas. Entretanto, sob o prisma da conservadora doutrina francesa do *"droit d'auteur"*, a resistência era praticamente incontornável.

Como nos ensina Muller Chaves, com bastante propriedade, em palestra proferida sobre o tema, *"para fazer frente a essa quase intransponível rejeição, a criatividade dos juristas foi construindo uma doutrina relativa à proteção das pessoas e entidades que, sem ser propriamente autores "strictu sensu", participam do processo criativo, de diferentes maneiras."* Essa doutrina procurava outorgar a artistas, produtores fonográficos e organismos de radiodifusão direitos próprios, específicos, que, por sua estrutura e natureza, se assemelhavam aos direitos de autor, em razão do que passaram a ser chamados de "conexos", "vizinhos", "análogos", ou "afins".

Em determinado momento, a OIT - Organização Internacional do Trabalho passou a dar particular atenção à matéria e, preocupada com os efeitos desses novos processos de fixação e comunicação sobre as atividades dos trabalhadores intelectuais, particularmente dos artistas intérpretes e executantes, dedicou-se à elaboração de um texto de convenção internacional que protegesse os seus direitos.

Paralelamente, os BIRPI - *Bureaux Internationaux Réunis pour la Proctétion de la Propriété Intelectuelle* realizavam estudos visando a atender ao desejo dos Estados contratantes de Berna de assegurar proteção a artistas e produtores de fonogramas.

Interrompidos esses estudos pela Segunda Guerra Mundial, foram retomados após a vitória do mundo democrático, redundando numa conferência diplomática de 42 países na cidade de Roma, em 1961, convocada e patrocinada pela OIT, pela UNESCO e pela União de Berna. Ao final de exaustivos debates, que praticamente esgotaram a matéria, contando inclusive com a participação de representantes da FIM - Federação Internacional de Músicos e da FIA - Federação Internacional de Atores, foi aprovado o texto da chamada "*Convenção Internacional sobre a Proteção dos Artistas Intérpretes ou Executantes, dos Produtores de Fonogramas e dos Organismos de Radiodifusão*", conhecida como "*Convenção de Roma*", que se acha em vigor desde 18 de maio de 1964.

Cumpre ressaltar, desde logo, que os direitos nela contemplados são distintos e não se confundem com os direitos do autor da obra interpretada ou executada, fato que recebe ênfase especial logo no artigo 1º da Convenção, que preceitua expressamente:

"*Art. 1º - A proteção prevista pela presente Convenção deixa intacta e não afeta, de qualquer modo, a proteção ao direito do autor sobre as obras literárias e artísticas. Deste modo, nenhuma disposição da presente Convenção poderá ser interpretada em prejuízo dessa proteção.*"

Com outras palavras, mas no mesmo sentido, a atual Lei brasileira de regência, a de nº 9.610, de 1998, faz a seguinte ressalva no parágrafo único de seu artigo 89, que trata dos direitos conexos:

"*Parágrafo Único - A proteção desta Lei aos direitos previstos neste artigo deixa intactas e não afeta as garantias asseguradas aos autores das obras literárias, artísticas ou científicas.*"

A experiência internacional, inclusive a brasileira, tem demonstrado, claramente, que, nem jurídica, nem economicamente, os direitos conexos têm afetado os autores, cujos proventos em nosso País, por exemplo, no que concerne à execução pública, vêm crescendo em termos absolutos, de ano para ano, apesar do adicional destinado aos titulares de direitos conexos.

A Convenção de Roma tem o mérito de haver enfeixado em um único diploma os três titulares a que já nos referimos (artistas, produtores de fonogramas e organismos de radiodifusão), definindo, ademais, com precisão, os seus respectivos direitos conexos. O Pacto de Roma procurou atender justamente aos imperativos do desenvolvimento tecnológico, inaugurando uma nova categoria de direitos que, com eficácia, vêm disciplinando as relações jurídicas decorrentes da crescente sofisticação dos meios de divulgação e comunicação, bem como do trabalho de criatividade coletiva, desenvolvido no seio de empresas e organizações em geral altamente complexas, como são os grandes produtores de fonogramas e organismos de radiodifusão.

Essa atividade criativa em colaboração é, por sinal, muito antiga. Afinal de contas, o que representam as orquestras e os conjuntos vocais senão um somatório de atuações individuais que produzem um todo harmônico e indivisível?

Não importa se esses valores individuais se unem sob a forma externa e extrínseca de empresa, constituindo-se como pessoa jurídica, pois, intrinsecamente, o que os aproxima é o esforço conjunto e comum de produzir alguma coisa nova, inédita e identificável.

Trata-se, em conseqüência, de uma atividade criativa que decorre sempre do concurso do talento de seres humanos, ainda que agregados sob a roupagem de uma empresa, razão por que não existe, a nosso ver, qualquer contradição ou antinomia em se atribuir a titularidade dos direitos conexos a uma pessoa jurídica, obviamente sob o aspecto estritamente patrimonial, como ocorre, aliás, com freqüência, em relação aos direitos de autor. São bons exemplos disso a titularidade originária das companhias cinematográficas sobre as obras audiovisuais que produzem e a titularidade derivada dos editores sobre as obras literárias, musicais e lítero-musicais que editam e exploram.

Contudo, o número inicialmente reduzido de adesões ao Convênio de Roma levou à convocação de uma nova Conferência Internacional, no ano de 1971, em Genebra, da qual resultou a *"Convenção para a Proteção aos Produtores de Fonogramas contra a Reprodução não Autorizada de seus Fonogramas"*, com o exclusivo fim de expandir a proteção internacional contra o delito conhecido como "pirataria", ou seja, a cópia não autorizada da obra ou da produção protegida.

Esta nova Convenção alcançou considerável sucesso, tanto que a ela já aderiram mais de 50 países. Destaque-se que o Brasil é signatário e ratificante de ambas as Convenções.

Como os padrões mínimos de proteção previstos nas Convenções de Roma e de Genebra se revelaram, ao longo do tempo, insuficientes, diversas leis nacionais ampliaram consideravelmente tais níveis. Assim é que, por exemplo, a maioria dos países adota, atualmente, um prazo de proteção maior que o mínimo convencional, de apenas 20 anos. Outrossim, alguns países, dentre eles o Brasil, concedem também a artistas e produtores, além de um *"copyright"* (direito de reprodução), direitos exclusivos de autorizar ou proibir a comunicação ao público de suas interpretações e de seus fonogramas.

Embora continue, no âmbito internacional, quase que restrita a uma única modalidade de uso - a reprodução -, a proteção aos direitos conexos é hoje praticamente universal, pois a grande maioria dos países integra a OMC - Organização Mundial do Comércio, criada por um pacto que incorpora, como já vimos, o *"Acordo sobre Aspectos de Propriedade Intelectual Relacionados ao Comércio"* (TRIPS), que determina, de forma compulsória, o respeito às disposições substantivas tanto da União de Berna, como da Convenção de Roma.

Cabe agora uma breve análise sobre as características e peculiaridades das três categorias de titulares de direitos conexos: os artistas, intérpretes e executantes, os produtores de fonogramas e os organismos de radiodifusão.

Os artistas sempre foram e continuarão a ser os porta-vozes da inteligência e da cultura dos criadores do espírito. Freqüentemente, atingem importância maior do que a dos próprios autores, que, não raras vezes, os assediam em busca de sucesso garantido junto ao público. Qual o autor de música popular, por exemplo, que não gostaria de ter suas obras gravadas, dependendo do estilo, por Caetano Veloso, ou por Maria Bethânia? Quantas pessoas vão ao teatro para assistir a um espetáculo com Fernando Montenegro, ou com Lima Duarte, simplesmente ignorando o nome do autor da peça? Na grande maioria dos casos, a pessoa entra numa loja para comprar um disco do Frank Sinatra, ou da Marisa Monte, desconhecendo os nomes dos autores das obras interpretadas. Como entra no cinema para assistir a um filme do Jack Nicholson ou da Sônia Braga, desconhecendo os nomes dos respectivos diretor e produtor.

Alguns atores emprestam um caráter tão personalíssimo às suas atuações, que passam a estabelecer uma relação simbiótica com as obras que protagonizam, ou com os personagens que interpretam. Quem pode dissociar, por exemplo, a figura do mendigo da famosa peça "Deus lhe Pague", de Joracy Camargo, da imagem carismática e marcante do inesquecível ator Procópio Ferreira? Ou a figura de Rodolfo Mayer do extraordinário monólogo "As Mãos de Eurídice", de Pedro Bloch? Ou a figura do personagem Odorico Paraguaçu, notável criação de Dias Gomes, da imagem do saudoso Paulo Gracindo? Ou mesmo afastar a imagem de Sean Connery da figura do famoso Agente 007? Ou negar a imensa empatia cênica existente entre o sempre lembrado ator Sir Lawrence Olivier e os principais personagens da vasta dramaturgia shakespeareana?

Se é indiscutível que alguns artistas conseguem "salvar", com interpretações magistrais, o prestígio de obras dramáticas e dramático-musicais de qualidade inferior, valorizando-as com uma luxuosa roupagem, é verdade também que criações geniais podem ter a sua qualidade comprometida pela atuação desastrosa de um intérprete "canastrão".

Há alguns anos, por exemplo, assisti a uma apresentação da belíssima ópera "Tosca", de Giacomo Puccini. Desconhecia que a encenação estava confiada a uma companhia de segunda categoria - bem intencionada, é certo, mas bastante sofrível. Além das muitas desafinadas do tenor que interpretava o papel de Cavaradossi, a pobre coitada da Tosca, ao cometer o suicídio, atirando-se do Castelo de Sant´Angelo, em Roma, numa fração de segundos espatifou-se, de forma grotesca, no tablado do palco do teatro, produzindo um imediato barulho, como se a elevada muralha do imponente Castelo não passasse de uma simples mureta, com cerca de um metro de altura. Assim, o que deveria representar o ápice da tragédia, converteu-se numa cena digna de "comédia de pastelão", arrancando risos da platéia. Um atentado ao "Belo Canto". Não fosse a "Tosca" uma ópera consagrada e aplaudida por várias gerações, desde sua estréia em 1900, provavelmente a insólita encenação a que assisti poderia abalar o bom conceito da criação e de seu talentoso criador.

Convém abrir aqui um brevíssimo parênteses para abordar um fenômeno curioso: atores virtuosos do passado, como Leopoldo Fróes, precisaram de anos e anos de uma labuta errante, pelos mais diversos palcos do Brasil, para angariarem a mesma popularidade nacional hoje alcançada, quase que instantaneamente, por jovens atores, como Thiago Lacerda e Cláudia Abreu, mercê de suas interpretações em novelas de televisão.

Em suma, não se poderia deixar de atribuir ao artista, intérprete ou executante, a titularidade originária de um direito conexo ao dos autores, tanto moral, como patrimonial.

Sobre o relevante papel do produtor fonográfico, mais uma vez nos valemos dos ensinamentos de Henry Jessen, que assim leciona acerca do desenvolvimento dos processos de gravação sonora :

"A segunda fase, a da gravação elétrica, veio revolucionar os métodos anteriores e fez surgir no cenário artístico a figura do "Produtor Fonográfico" que - diversamente do seu antecessor, o "fabricante" - não se limita à captação de sons, porém "produz" estes sons valendo-se de meios técnicos e artísticos para obter um todo indivisível composto de uma obra musical, de uma interpretação e de um conjunto de efeitos artísticos, que trazem o selo de sua personalidade, como elaboração intelectual, autônoma e independente: o fonograma." ("*in*" obra citada, página 129)

Sem dúvida, a eletrônica revolucionou a técnica de gravação. Foram introduzidos distorcedores, equalizadores, filtros, câmaras de eco, canais múltiplos de gravação, toda uma gama, enfim, que corresponde a uma infinidade de recursos que, artisticamente empregados, transformaram o estúdio de gravação em um imenso e complexo instrumento musical, confiado ao talento de intérpretes, executantes, arranjadores, diretores de produção, maestros, regentes, técnicos de som, montagem, mixagem, corte etc.

Mais recentemente, novas tecnologias revolucionaram ainda mais a atividade fonográfica. O processo digital vem paulatinamente substituindo o analógico, hoje utilizado apenas em aproximadamente 10% da produção sonora. Cresce também, em escala quase exponencial, inclusive graças ao advento da Internet, a reprodução e distribuição de fonogramas por meios eletrônicos. Em futuro não muito distante a tradicional reprodução por meios físicos, através de suportes materiais, como os CDs, deixará de existir, senão totalmente, pelo menos em grande parte.

Destarte, justifica-se a atribuição de um direito conexo originário, de cunho patrimonial, ao produtor de fonogramas, inclusive para assegurar a praticidade e a celeridade na comercialização, o que vem ao encontro dos interesses econômicos de todos os demais titulares de direitos autorais, em sentido amplo, que participam das produções, aí compreendidos os artistas, intérpretes e executantes, os autores das obras musicais e lítero-musicais utilizadas, assim como os produtores musicais e artísticos.

Sobre a radiodifusão, ocioso seria descrever-lhe as atividades e ressaltar a enorme importância dos organismos de rádio e televisão na propagação do conhecimento e da cultura.

O incrível avanço da informática só contribuiu para potencializar esse processo avassalador de comunicação ao público. Requintados programas, especialmente de televisão, tais como novelas, "shows" de variedades, mini-séries, telejornais, informativos didáticos e culturais etc mobilizam um verdadeiro exército de artistas e técnicos e são enriquecidos com a utilização dos mais variados e criativos efeitos de imagem e som, sendo certo, pois, que a radiodifusão moderna não pode prescindir, dentre outros, daqueles mesmos profissionais altamente gabaritados que colaboram com os produtores fonográficos e cinematográficos.

Daí ser plenamente justificável o reconhecimento de um direito conexo originário, de natureza patrimonial, aos organismos de radiodifusão sobre suas emissões.

Os direitos conexos foram introduzidos em nosso País pela Lei nº 4.944, de 1966, regulamentada pelo Decreto nº 61.123, de 1967, e reafirmados pela Lei nº 5.988, de 1973, bem como pela atual Lei brasileira de Direitos Autorais, a de nº 9.610, de 1998, que disciplina a matéria em seu Título V, compreendendo os artigos 89 e seguintes.

Disposições esparsas sobre direitos conexos ou relativas às categorias de titulares dos mesmos podem ser ainda encontradas na Lei nº 6.533, de 1978, que regulamenta a profissão dos artistas não-musicais (cênicos), especialmente em seu artigo 13 e parágrafo único; na Lei nº 3.857, de 1960, que regulamenta o exercício da profissão de músico e cria a Ordem dos Músicos do Brasil; na Lei nº 6.615, de 1978, que disciplina o exercício da profissão de radialista; na Lei nº 5.250, de 1967, a chamada "Lei de Imprensa", e no Decreto-Lei nº 972, de 1969, que regula o exercício da profissão de jornalista.

Logo em seu artigo 1º, de natureza interpretativa, a Lei de regência (a de nº 9.610, de 1998) esclarece que sob a denominação genérica de "direitos autorais" entendem-se os direitos de autor dos criadores primígenos e os direitos conexos daquelas pessoas que interpretam e divulgam as suas obras (artistas, produtores de fonogramas e organismos de radiodifusão). Assim, tanto as interpretações dos artistas, como as produções fonográficas e as emissões dos organismos de radiodifusão, ainda que não mereçam a rotulação de "obra", são, "*ex-vi legis*", a esta equiparados, por assimilação, para fins de proteção.

Já o artigo 3º do mesmo Diploma preceitua que os direitos autorais, em sentido lato (aí compreendidos, pois, os direitos conexos), reputam-se bens móveis, para os efeitos legais.

No "*caput*" do seu artigo 89, a Lei dispõe, como princípio básico, que, "*in verbis*" :

"*Art. 89 - As normas relativas aos direitos de autor aplicam-se, no que couber, aos direitos dos artistas intérpretes ou executantes, dos produtores fonográficos e das empresas de radiodifusão.*"

Em síntese, concretas e inesgotáveis são as conseqüências dessa perfeita simbiose de autores, artistas e empresários culturais, dessa extraordinária comunhão de homens e máquinas, de talentos e de tecnologia, que nos colocam diante de uma nova e fascinante etapa do grande renascimento cultural, literário, artístico e científico.

Capítulo IV

Domínio Público
Creative Commons

DOMÍNIO PÚBLICO

As obras em domínio público pertencem à comunidade. Todos os cidadãos podem usá-las, sem restrições, na forma original, ou delas fazendo traduções, arranjos e adaptações.

Preceitua o Art. 45 da Lei nº 9.610, de 1998, que disciplina os direitos autorais em nosso País, que, além das obras literárias, artísticas e científicas, em relação às quais decorreu o prazo de proteção aos direitos patrimoniais de autor, pertencem ao domínio público as obras de autores falecidos que não tenham deixado sucessores e as de autor desconhecido, incluindo-se aí as obras folclóricas, ressalvada a proteção legal aos conhecimentos étnicos e tradicionais.

Não considero esta enumeração exaustiva. Relacionaria também, no rol das criações caídas em domínio público, as obras cujos autores tenham renunciado aos seus direitos patrimoniais, as publicadas em países que não participem de tratados a que tenha aderido o Brasil e que não confiram aos autores de obras aqui publicadas o mesmo tratamento que dispensam aos autores sob sua jurisdição e, ainda, as obras eventualmente adquiridas pelo Estado para uso e gozo do público.

Ressalte-se que a expressão "domínio público" em relação às obras intelectuais não representa qualquer domínio ou propriedade, mas simplesmente uma liberdade do público de utilizá-las, sem a necessidade de solicitar e obter permissão, nem retribuir a quem quer que seja pelo seu uso.

Filosoficamente, sou contra o chamado "domínio público remunerado" ou "domínio público pagante", que consiste na percepção, pelo Estado, de uma retribuição pecuniária, igual ou inferior à das obras protegidas, pelo uso das obras caídas em domínio público, destinando-se em geral as quantias assim recolhidas à alimentação de caixas de assistência em favor de autores e artistas mais carentes e de instituições de desenvolvimento cultural.

Em primeiro lugar, duvido da capacidade do Estado brasileiro de gerir, com eficiência, esses recursos, como de resto, quaisquer outros, com raras exceções.

Em segundo lugar, porque o "domínio público remunerado" constitui, na verdade, um tributo disfarçado, como tantos outros que lamentavelmente pululam em nosso País, rotulados de "contribuições" - compulsórias, é claro... Não sei se alguém ainda se recorda que a CPMF nasceu como uma contribuição provisória, sob o pretexto de salvar a saúde no Brasil, mas permanece aí até hoje, embora a saúde pública continue na UTI ...

Em terceiro lugar, porque o "domínio público pagante" poderá ensejar um indesejável controle do Estado sobre o patrimônio intelectual coletivo, uma espécie de censura camuflada, muito comum nos regimes autoritários. O "domínio público remunerado" chegou a vigorar por uma década em nosso País, instituído que foi pelo Artigo 93 da Lei nº 5.988. de 1973, feliz e oportunamente revogado pela Lei nº 7.123, de 1983. Através do "domínio público pagante", o Estado pode controlar não só o uso da produção intelectual não protegida, o que seria execrável, como também inviabilizar, indiretamente, a utilização de determinadas obras, através da cobrança de taxas elevadas que desestimulem o acesso ao acervo intelectual coletivo.

Sob o aspecto filosófico, o instituto do domínio público, no que concerne às obras originariamente protegidas, ampara-se na presunção, lógica por sinal, de que busca o autor, no meio social em que vive, os elementos e a inspiração para as suas criações, sendo, pois, da maior justiça que, falecido o autor e usufruídos pelos herdeiros, por determinado período, os respectivos direitos patrimoniais, tais faculdades sejam, digamos, "devolvidas" à sociedade. Uma espécie de *"revertere ad locum tuum"*, passando as obras à categoria de *"res communes omnium"*, ou seja, um bem comum a todos, como, por exemplo, os oceanos e a superfície lunar.

Essa presunção reforça a posição daqueles que vêem nos direitos autorais um "privilégio temporário", concedido aos criadores pela sociedade através do Estado, e não um monopólio irrestrito dos autores. Aliás, como já vimos, os direitos intelectuais nasceram mesmo como um privilégio temporário, nos idos de 1557, na Inglaterra, quando Felipe e Maria Tudor concederam à associação dos donos de papelaria e livreiros uma licença real para garantir-lhes a comercialização dos escritos. A esse privilégio no controle dos escritos chamou-se "copyright", que beneficiava os livreiros e não os autores. Somente em 1710, também na Inglaterra, com o advento do "Copyright Act" da rainha Ana, tal prerrogativa foi transferida dos livreiros para os autores das obras.

Outro fator que poderia, de certa forma, debilitar ou limitar o instituto do domínio público seria a suposta imprescritibilidade dos chamados "direitos morais de autor". A meu ver, os direitos morais de autor não são imperecíveis e muito menos imprescritíveis. Tanto que essa referência não consta da Lei nº 9.610, de 1998, que se limita a defini-los como inalienáveis e irrenunciáveis. Tal imprescritibilidade não se presume. Ninguém se atreveria, por exemplo, a adaptar ou arranjar uma obra de domínio público, correndo o risco de ver um longínquo descendente do autor invocar a violação de um direito moral de seu antepassado e dar início a um pleito judicial complexo, demorado e custoso, que poderá determinar a destruição da obra nova, por alteração do contexto da obra primitiva.

De acordo com a legislação brasileira (Artigos 41 e seguintes da Lei nº 9.610, de 1998), os direitos patrimoniais de autor perduram por setenta anos, contados de 1º de janeiro do ano subseqüente ao do seu falecimento, obedecida a ordem sucessória da lei civil e aplicando-se o mesmo prazo de proteção às obras póstumas.

Quando a obra literária, artística ou científica, realizada em co-autoria, for indivisível, o prazo de 70 anos será contado da morte do último dos co-autores, acrescendo-se aos dos sobreviventes os direitos do co-autor que falecer sem sucessores.

Será também de 70 anos o prazo de proteção dos direitos patrimoniais sobre as obras anônimas e pseudônimas, contados do dia 1º de janeiro do ano imediatamente posterior ao da primeira publicação, aplicando-se a mesma regra básica do prazo de 70 anos "post mortem auctoris" se e quando o autor se der a conhecer antes do termo do prazo previsto, ou seja, antes de transcorridos 70 anos da primeira publicação da obra.

O prazo de proteção aos direitos patrimoniais sobre obras audiovisuais e fotográficas será igualmente de 70 anos, contados a partir de 1º de janeiro do ano subseqüente ao de sua divulgação.

Consoante o artigo 96 da Lei de Regência, é de 70 anos o prazo de proteção aos direitos conexos dos artistas, dos produtores de fonogramas e dos organismos de radiodifusão, contados a partir de 1º de janeiro do ano subseqüente à fixação, para os fonogramas; à transmissão, para a emissão das empresas de radiodifusão; e à execução e representação pública, para os demais casos.

Já nos termos do parágrafo segundo do Artigo 2º da Lei nº 9.609, de 1998, a tutela dos direitos relativos a programa de computador é de 50 anos, contados a partir de 1º de janeiro do ano subseqüente ao da sua publicação ou, na ausência desta, de sua criação.

Destaque-se que, antes mesmo do advento da Lei nº 5.988, de 1973, o prazo de proteção *post mortem auctoris*, ainda sob a regência do antigo Código Civil, era de 60 anos, respeitado, assim, o prazo mínimo de proteção de 50 anos, previsto na Convenção de Berna, com a Revisão de Paris, de 1971, ratificada pelo Brasil.

Com a promulgação da Lei nº 5.988, de 1973, o prazo foi mantido em 60 anos, chegando finalmente aos 70 anos, com a atual lei de regência, a Lei nº 9.610, de 1998.

Para se evitar um conflito de lei no tempo, torna-se muito importante uma boa compreensão e aplicação da norma interpretativa contida no Artigo 112 da Lei nº 9.610/98, que esclarece que se uma obra, em conseqüência de ter expirado o prazo de proteção que lhe era anteriormente reconhecido pelo parágrafo segundo do Artigo 42 da Lei nº 5.988, de 14 de dezembro de 1973, caiu em domínio público, não terá o prazo de proteção dos direitos patrimoniais ampliado por força do Artigo 41 da nova Lei de regência.

Aliás, como regra, uma obra originariamente protegida, que cai em domínio público pelo término do prazo de proteção, jamais voltará a integrar o elenco das criações intelectuais protegidas.

CREATIVE COMMONS

Já relatamos que, em novembro de 1455, em Mogúncia, há pouco mais de 550 anos, portanto, Gutemberg inventou a imprensa, o que representou uma verdadeira revolução na reprodução de obras literárias, antes restrita às cópias manuscritas, abrigadas nos mosteiros e nas abadias, muito mais como um instrumento de memória do que um meio de divulgação da obra ao público. Muitas vezes uma cópia manuscrita levava meses e até anos para ser concluída. Isso nada ou quase nada importava à época, pois apenas 5% da população européia sabiam ler e pelo menos a metade dos que sabiam ler, enxergavam mal ...

Mas, com o advento da imprensa, possibilitando a feitura de milhares de cópias uniformes, tudo começou a mudar.

E mudaria muito mais ainda com outra revolução, qual seja, a invenção do fonógrafo por Thomas Alva Edison, em 1878. Pela primeira vez a execução e a interpretação de uma obra musical poderiam atingir distâncias superiores ao alcance da voz dos artistas, do som produzido pelos instrumentos e de nossos ouvidos.

No Século XIX chegamos à fotografia e na primeira metade do Século XX surgiram o rádio e a televisão. Já agora, não apenas o som, mas também as imagens em movimento de um espetáculo ou de uma apresentação artística poderiam chegar a qualquer um de nós, o que antes ficava restrito ao alcance dos nossos olhos.

Muitos acreditaram que tudo isso representaria o fim dos direitos autorais, ou pelo menos que os conceitos da

Convenção de Berna deveriam ser drasticamente revistos para fazer frente à nova realidade imposta pelo desenvolvimento tecnológico.

Ressalte-se que, até então, a comunicação era, digamos, unidirecional, ou seja, do livro para o leitor, do rádio para o ouvinte, da tela do cinema ou da televisão para o espectador.

Com o desenvolvimento da Informática e o advento da Internet, nas últimas décadas do Século XX, a revolução na área de comunicação assumiu proporções avassaladoras. Ingressamos na era da interatividade global. Qualquer pessoa, em qualquer lugar do Planeta, pode interagir com qualquer outra pessoa, em qualquer outro lugar e a qualquer tempo, promovendo uma troca de mensagens, cujo teor pode conter, como de fato muitas vezes contém, obras literárias, artísticas ou científicas protegidas, dos mais diversos matizes e procedências.

Como bem salienta João Carlos Müller Chaves, em palestra que proferiu sobre o tema, *"a primeira observação a ser feita é no sentido de que a Internet não é senão um caminho novo, uma nova via para a utilização de obras intelectuais. Em si, ela é juridicamente neutra, trata-se apenas de uma nova tecnologia, como o foram a fonografia, o cinema, a fotografia, a televisão etc."*

Toda nova tecnologia interessa ao mundo jurídico, sobretudo quando interfere diretamente no exercício de direitos consagrados. Muito natural, nessa trilha, que a primeira reação de muitos juristas, advogados, magistrados etc, diante do surgimento da Internet, tenha sido a de uma certa perplexidade, o mesmo sentimento que tomou conta de um bom número de autores de obras literárias, artísticas e científicas, artistas, editores, produtores de fonogramas, organismos de radiodifusão e autores de programas de computador.

Como ainda nos ensina Muller Chaves, *"Diante de um fato novo, de uma nova tecnologia, há duas atitudes a serem tomadas: ou se lhe aplicam as normas gerais já existentes, ou se elaboram regras novas, especificamente voltadas para aquela situação. Ambas apresentam vantagens e defeitos. Aplicando-se sempre as normas gerais, por meio de interpretação, corre-se o risco das interpretações divergentes, fragmen-*

tárias, o que vai de encontro à segurança jurídica. A opção pela legislação nova freqüentemente conduz à elaboração apressada e ao risco de se considerar que as situações não previstas escapam à norma legal, como parece ter ocorrido, com alguns, no caso do NAPSTER. A solução parece estar, como quase sempre, no meio: a progressiva atualização da legislação, sem perder de vista os princípios gerais."

Foi dessa forma que reagiu a comunidade jurídica internacional ao proceder, em 1971, em Paris, a uma grande revisão da Convenção de Berna, para adequá-la aos novos desenvolvimentos tecnológicos representados pelo surgimento da fonografia, da cinematografia, do rádio e da televisão.

Na linha de um *"desenvolvimento orientado"*, para se valer da expressão utilizada pelo ex-Diretor Geral Assistente da OMPI - Organização Mundial da Propriedade Intelectual, Dr. Mihaly Ficsor, no trabalho intitulado *"Direitos de Autor na Era Digital - Os Tratados da OMPI sobre a Internet"*, a OMC - Organização Mundial do Comércio, criada em 1994, cuidou da regulação do comércio internacional de bens imateriais por meio do Acordo Relativo aos Aspectos da Propriedade Intelectual Relacionados ao Comércio (TRIPS).

Na progressão histórica dos fatos, a OMPI, atendendo às exigências dos novos meios de difusão das obras intelectuais, especialmente através da Internet, houve por bem patrocinar dois novos tratados multilaterais, um sobre direitos de autor e outro sobre interpretação e execução de fonogramas. A própria OMPI os intitula, como já destacamos, *"TRATADOS DA OMPI SOBRE INTERNET"*, como resposta aos desafios lançados pelas novas tecnologias digitais. Os referidos Tratados reafirmam, respectivamente, - reiteramos - os princípios das Convenções de Berna, sobre direitos do autor, e de Roma, sobre direitos conexos.

Se considerarmos que o direito de distribuição, como espécie do gênero maior "direito de reprodução", já vinha sendo reconhecido, compreendendo, inclusive, o direito de aluguel, poucos foram os novos direitos de fato estabelecidos pelos Tratados da OMPI, mas todos eles da maior relevância.

Constitui infração a inutilização de qualquer informação referente à gestão de direitos, ou seja, aqueles sinais eletrônicos inseridos em gravações (suportes) ou em transmissões que permitem identificar autor, artista, produtor de fonogramas etc, facilitando a distribuição dos direitos devidos pela utilização de obras e produções. O ilícito alcança, ainda, quem importa ou distribui os dispositivos proibidos.

Igual proteção é estendida às medidas tecnológicas que impeçam ou dificultem a prática de atos não autorizados pelos legítimos titulares.

Esses preceitos dos Tratados da OMPI fazem parte do que se convencionou chamar "*agenda eletrônica ou digital*", ou seja, regras destinadas especificamente à aplicação no ambiente da Internet.

Já o Artigo 8 do Tratado OMPI sobre Direitos de Autor enquadra o direito de "*pôr à disposição*" dentro do direito de comunicação ao público, assegurando, destarte, aos autores, o reconhecimento de um direito exclusivo no que concerne a essa forma de comunicação interativa.

No que tange aos direitos conexos, chegou-se a uma solução de consenso, negociada, em que os países se comprometem a reconhecer, no caso, um direito exclusivo, seja como comunicação ao público, seja como distribuição (ficta, é verdade), seja como um direito específico, o "*making available*", do inglês, ou o "*puesta a disposición*", dos hispânicos.

A nossa Lei nº 9.610, de 1998, acolheu expressamente esse direito, equiparando-o ao direito de distribuição no inciso VII de seu Artigo 29. Merece ser reproduzido, nesse sentido, o "caput" do Artigo 30 da Lei de Regência, que preceitua:

"*Art. 30. No exercício do direito de reprodução, o titular dos direitos autorais poderá <u>colocar à disposição do público</u> a obra, na forma, local e pelo tempo que desejar, a título oneroso ou gratuito.*" (grifamos)

Assim, no âmbito interno, considero que a nossa legislação autoral pode ser considerada uma das mais avançadas do mundo. Como toda lei democraticamente discutida e aprovada, a nossa não poderia ser perfeita e ainda bem que não é, pois supostamente perfeitas são aquelas que brotam das cabeças dos ditadores e não as que correspondem, como a nossa, a um pacto ou contrato social.

A Lei nº 9.610, de 1998, preserva os princípios básicos de Berna e de Roma, mas agrega ao seu texto as boas novidades oferecidas pelos Tratados da OMPI, tornando-se bastante eficaz diante do vertiginoso avanço tecnológico.

Em seu Artigo 5º, a referida Lei define "*publicação*" como sendo o oferecimento da obra ao público por qualquer forma ou processo. A mesma "malha fina" é usada na definição de "*distribuição*", conceituada como sendo a colocação das obra, interpretações, execuções e produções à disposição do público mediante a venda, locação, ou qualquer outra forma de transferência de propriedade ou posse.

Na definição de "*comunicação ao público*", estabelece a Lei que se trata do ato mediante o qual a obra é colocada ao alcance do público por qualquer meio ou procedimento que não consista na distribuição de exemplares.

Por fim, ao definir "*reprodução*", além de se referir aos meios físicos, a Lei inclui expressamente qualquer armazenamento permanente ou temporário por meios eletrônicos ou qualquer outro meio de fixação que venha a ser desenvolvido.

Na catalogação das obras protegidas, a Lei de regência inclui, no inciso XII de seu Artigo 7º, os "*programas de computador*".

Já em seu Artigo 29, que enumera as utilizações que dependem da prévia e expressa autorização do autor, a Lei agrega expressamente, em seus incisos VII (já referido), IX e X, as seguintes modalidades :

"*VII - a distribuição para oferta de obras ou produções mediante cabo, fibra ótica, satélite, ondas ou qualquer outro sistema que permita ao usuário realizar a seleção da obra ou produção para percebê-la em um tempo e lugar previamente determinados por quem formula a demanda, e nos casos em que o acesso às obras ou produções se faça por qualquer sistema que importe em pagamento pelo usuário;*"

"*IX - a inclusão em base de dados, o armazenamento em computador, a microfilmagem e as demais formas de arquivamento do gênero;*"

"X - quaisquer outras modalidades de utilização existentes ou que venham a ser inventadas."

Por seu turno, o nosso Código Penal, graças à nova redação do Artigo 184 e seu parágrafo segundo, dada pela Lei nº 10.695, de 1º de julho de 2003, tipifica o crime consistente no uso não autorizado de obras intelectuais através da Internet. Diz o Artigo 184:

"Art. 184 - Violar direitos de autor e os que lhes são conexos: Pena: detenção, de 3 (três) meses a 1 (um) ano, ou multa.

....

Parágrafo Segundo - Se a violação consistir no oferecimento ao público, mediante cabo, fibra ótica, satélite, ondas ou qualquer outro sistema que permita ao usuário realizar a seleção da obra ou reprodução para recebê-la em um tempo e lugar previamente determinados por quem formula a demanda, com intuito de lucro, direto ou indireto, sem autorização expressa, conforme o caso, do autor, do artista intérprete ou executante, do produtor de fonograma, ou de quem os represente:
Pena: reclusão, de 2 (dois) a 4 (quatro) anos, e multa."

Não resta dúvida de que o uso de obras através da Internet compreende as duas modalidades básicas de utilização de obras literárias, artísticas e científicas: a reprodução, aí compreendida a distribuição, e a comunicação ao público.

Ninguém discute, por exemplo, que a reprodução eletrônica de uma obra, feita através de *"download"*, importa tanto ao direito quanto a reprodução por meios físicos, como, por exemplo, através da impressão gráfica, que teve sua origem com a velha prensa de Gutemberg.

Claro que não há direito absoluto, tanto que a nossa Lei de regência, em seu Artigo 46, enumera, de forma exaustiva, as limitações aos direitos autorais.

São os limites ou exceções que podem fazer entender aquilo que os anglo-saxões chamam de *"fair use"*, os hispânicos de *"usos honrados"* e, nós, brasileiros, de *"uso permitido"* ou *"uso justo"*, à falta de uma tradução melhor. Contudo, para que se caracterize o *"fair use"* há três requisitos: que ocorra em certos casos especiais, que não afete a exploração normal da obra, nem cause prejuízo injustificado aos interesses do autor.

É, como já vimos, o denominado *"Teste Tríplice"*, derivado do Artigo 9.2 da Convenção de Berna.

Definitivamente, a utilização de obras e produções protegidas através da Internet não se encaixa em qualquer das exceções previstas no Artigo 46 da Lei de regência. Não pode, pois, ser enquadrada na categoria dos *"fair use"*.

Daí a preocupação internacional provocada pelo surgimento do *"CREATIVE COMMONS"*, uma ONG - Organização Não Governamental internacional, criada nos Estados Unidos por iniciativa de Lawrence Lessig, professor da Universidade de Stanford. Como se sabe, "commons" em inglês significa pedaço de terra destinado ao uso comum, o que praticamente permite uma associação literal do título aos objetivos do projeto.

Os defensores do *"Creative Commons"* o justificam como sendo um instrumento de democratização da cultura, que conta hoje com representantes em vários países, incluindo o Brasil, e visa a criar licenças para o uso de obras pelo público através da Internet. Segundo eles, o *"Creative Commons"* oferece aos autores o direito de eleger quais os usos que pretendem autorizar de suas obras, reduzindo a distância entre os usuários e as criações hospedadas no "site".

Encaram o *"Creative Commons"* como uma grande licença, amparada na vontade soberana do autor e, por isso, não pode ser interpretado como uma espécie de "terra de ninguém". A massa de conhecimentos, explicam, é canalizada para a Internet. Cabe ao *"Creative Commons"* disciplinar as licenças para o uso das obras através da rede.

Para eles, a liberdade de escolha que o *"Creative Commons"* proporciona contribui para o desenvolvimento cultural, pois o sistema se ampara no princípio da liberdade que caracteriza a essência da sociedade capitalista, dando novas opções ao criador intelectual.

Mas o certo é que as primeiras declarações do Sr. Lessig, para alguns um idealista, não deixaram de ser preocupantes e polêmicas. Em entrevista dada ao *Jornal do Brasil* do dia 14 de junho de 2004, quando esteve em nosso País para participar do 5º Fórum Internacional de Software Livre, em Porto Alegre, assim se pronunciou: *"A tecnologia permite o uso* *da criatividade para encontrar pessoas. <u>Mas a lei não deixa você conhecer o trabalho dos outros e produzir a partir dele</u>. Por isso, decidimos remover as barreiras que impedem a criatividade e a mistura de culturas. Muitos ignoram os limites, mas nós construímos uma tecnologia que possibilita aos artistas a liberação de suas obras para o mundo. A intenção do Creative Commons é a globalização do trabalho artístico."* (grifamos)

Reconheço que o grande dilema do mundo moderno consiste na busca pela equalização dos conceitos de proteção autoral e acesso à cultura, ou seja, da conciliação dos Direitos Intelectuais com o interesse intelectual coletivo.

Mas nada justifica ou justificará um eventual uso abusivo e incontido da propriedade imaterial alheia. Não se pode confundir licença com licenciosidade e, sobretudo, com libertinagem.

Estou convicto de que o direito ao acesso à criação intelectual reveste a propriedade imaterial de um certo viés publicista, mas que não lhe retira a condição de propriedade, objeto de um direito eminentemente privado, tão passível de proteção quanto a propriedade dos bens materiais.

Aqueles que defendem o livre acesso à propriedade intelectual também deveriam defender, por coerência, o livre acesso aos alimentos, à terra etc. É, pois, fundamental que se encontre um ponto de equilíbrio, sem rompantes, excessos ou intolerâncias, de parte a parte.

Destaque-se que o Sr. Lessig e seus seguidores não foram inicialmente bem recebidos, ao que tudo indica, nos Estados Unidos e na Europa. Sem grandes oportunidades nos países mais desenvolvidos e culturalmente mais nivelados, partiram eles para a conquista de novos mercados nos países subdesenvolvidos ou em fase de desenvolvimento do Hemisfério Sul, incluindo o Brasil. Tanto que, na mesma entrevista dada ao Jornal do Brasil, declarou o Sr. Lessig: *"Os EUA têm um problema sério com a propriedade intelectual e só conseguem tratá-la por extremos, com proteção ou desproteção totais. Os brasileiros enxergam o arco-íris, e acho que o CC será um sucesso e provocará mudanças na proteção à propriedade intelectual em outros países."*

Ademais, ilustra a referida matéria jornalística uma foto em que o Sr. Lessig aparece ao lado do Sr. William Fisher, professor da Escola de Direito de Harvard e mentor do projeto ALTERNATIVE COMPENSATION SYSTEM.

Também entrevistado, o Sr. Fisher confessa um total desprezo de seu projeto pela propriedade intelectual. Ao responder à pergunta *"Qual a sua opinião sobre o Creative Commons?"*, diz ele: *"É o primeiro passo para um projeto maior, como o Arternative Compensation System. O CC permite que sons, imagens e códigos sejam vistos, utilizados e reinventados, <u>mas deve encorajar artistas a desafiar a lei de direito autoral.</u>"* (grifamos)

Convenhamos, é muita pretensão. A reportagem declara, aliás, que Lessig e Fisher, embora tenham propostas extremas, concordam em um ponto: *"<u>a lei dos direitos autorais deve ser revista.</u>"* (grifamos) Pergunto eu: deve ser revista a troco de quê? A nossa lei, como as dos demais países civilizados, não impede que um autor autorize o uso de sua obra, por qualquer modalidade, sem limite de tempo ou território e a título gratuito.

Portanto, a Lei brasileira não será obstáculo a qualquer projeto dessa natureza, desde que se restrinja aos autores que dele queiram livremente participar. O que a Lei não permite e não pode mesmo permitir é que se cumprimente com o chapéu alheio. Nesse sentido, lamento que alguns autores e artistas, sem conhecimento de causa e ignorando os direitos arduamente conquistados por seus colegas ao longo dos anos, pratiquem mais um ato de "autofagia autoral", dando declarações favoráveis a tais iniciativas, contrárias aos interesses morais e patrimoniais dos criadores do espírito.

Em resumo, penso que o *"Creative Commons"* está em fase de quarentena e deve comprovar, na prática, a grandeza e a confiabilidade de seus objetivos, tendo sempre como primado o respeito à propriedade intelectual, para que possa merecer o apoio da comunidade autoral brasileira e internacional.

Nada melhor para encerrar este tema do que sábias palavras proferidas pelo teatrólogo Joracy Camargo há mais de quarenta anos, mas que continuam e continuarão eternamente válidas:

"O GRAU DE CIVILIZAÇÃO DE UM POVO PODE SER AVALIADO PELO RESPEITO E PELA ATENÇÃO QUE DEDICA AOS SEUS CRIADORES INTELECTUAIS".